格言联璧

（清）金缨 著
张齐明 注评
林昭 张奕 译

长江出版传媒
长江文艺出版社

图书在版编目（CIP）数据

格言联璧 /（清）金缨著 ；张齐明注评 ；林昭，张奕译. -- 武汉 ：长江文艺出版社，2019.6（2023.9 重印）
（国学经典丛书. 第二辑）
ISBN 978-7-5702-0427-4

Ⅰ. ①格… Ⅱ. ①金… ②张… ③林… ④张… Ⅲ. ①格言－汇编－中国－古代②《格言联璧》－注释 Ⅳ. ①H136.33

中国版本图书馆 CIP 数据核字（2018）第 102142 号

责任编辑：梅若冰　　责任校对：毛季慧
封面设计：新华智品　　责任印制：邱　莉　王光兴

出版：长江出版传媒 | 长江文艺出版社
地址：武汉市雄楚大街 268 号　　邮编：430070
发行：长江文艺出版社
http://www.cjlap.com
印刷：三河市百盛印装有限公司

开本：880 毫米×1230 毫米　1/32　　印张：7.75
版次：2019 年 6 月第 1 版　　2023 年 9 月第 2 次印刷
字数：123 千字

定价：68.00 元

版权所有，盗版必究（举报电话：027—87679308　87679310）
（图书出现印装问题，本社负责调换）

总　序

郭齐勇　武汉大学国学院院长

国学大师钱穆先生曾说“今人率言‘革新’，然革新固当知旧”。对现代人尤其是青年一代来说，缺乏的也许不是所谓的“革新力量”，而是“知旧”，也即对传统的了解。

中国文化传统的源头，都在中国古代经典当中。从先秦的《诗经》《易经》，晚周诸子，前四史与《资治通鉴》，骚体诗、汉乐府和辞赋，六朝骈文，直到唐诗、宋词、元曲和明清小说，在传统经典这条源远流长的巨川大河中，流淌着多少滋养着我们精神的养分和元气！

《说文解字》上说“经”是一种有条不紊的编织排列，《广韵》上说“典”是一种法、一种规则。经与典交织运作，演绎中国文化的风貌，制约着我们的日常行为规范、生活秩序。中国文化的基调，总体上是倾向于人间的，是关心人生、参与人生、反映人生的，当然也是指导人生的。无论是春秋战国的诸子哲学，汉魏各家的传经事业，韩柳欧苏的道德文章，程朱陆王的心性义理；还是先民传唱的诗歌，屈原的忧患行吟，都洋溢着强烈的平民性格、人伦大爱、家国情怀、理想境界。尤其是四书五经，更是中国人的常经、常道。这些对当下中国人治国理政，建构健康人格，铸造民族精魂都具有重要意义。经典是当代人增长生命智慧的源头活水！

长江文艺出版社历来重视中华民族优秀传统文化的传播及普及，近年来更在阐释传统经典、传承核心文化价值、建构文化认同的大纛下努力向中国古典文化的宝库掘进。他们欲推出《国学经典丛书》，殊为可喜。

怎么样推广这些传统文化经典呢？

古代经典和现代读者的阅读习惯及趣味本来有一定差距，如果再板起面孔、高高在上，只会让现代读者望而生畏。当然，经典也不是任人打扮的小姑娘，一味将它鸡汤化、庸俗化、功利化，也会让它变味。最好的办法就是，既忠实于经典的原汁原味，又方便读者读懂经典，易于接受。在这个原则的指导下，《国学经典丛书》首先是以原典为主，尊重原典，呈现原典。同时又照顾现实需要，为现代读者阅读经典扫除障碍，对经典作必要的字词义的疏通。这些必要精到的疏通，给了现代读者一把迈入经典大门的钥匙，开启了现代读者与古圣先贤神交的窗口。

放眼当下出版界，传统文化出版物鱼目混珠、泥沙俱下，诸多出版商打着传承古典文化的旗号，曲解经典，对现代读者尤其是广大青少年认知传承经典起了误导作用。有鉴于此，长江文艺出版社推出的《国学经典丛书》特别注重版本的选取。这套丛书大多数择取了当前国内已经出版过的优秀版本，是请相关领域的名家、专业人士重新梳理的。这些版本在尊重原典的前提下同时兼顾其普及性，希望读者能有一次轻松愉悦的古典之旅。

种种原因，这套丛书必然会有缺点和疏漏，祈望方家指正。

目　录

学问类

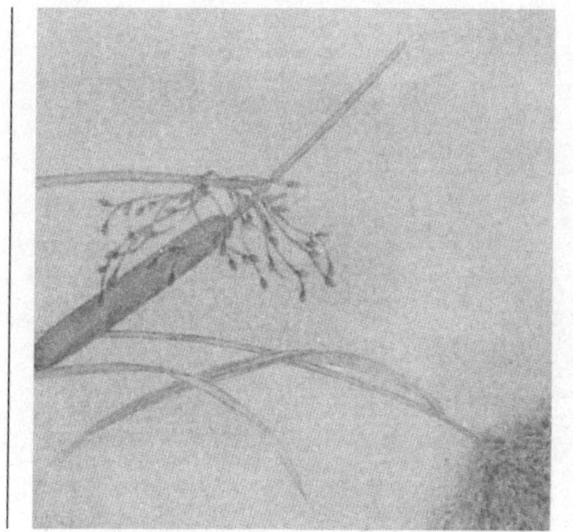

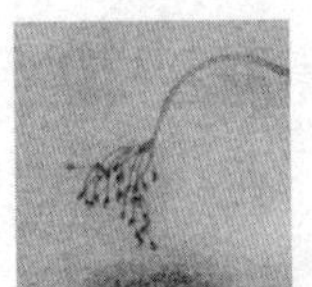

古今来许多世家[①]，无非积德；天地间第一人品[②]，还是读书。

【注释】　①世家：语出《孟子·滕文公下》：“仲子，齐之世家也。”指王侯分封建国，子孙世代承袭，后泛指世代贵显或以某种职业世代相承的家族。

②品：这里是等级、品级的意思，并非指人的品格。此句即所谓“万般皆下品，惟有读书高”之意。

【译文】　古今许多世族大家的传承，无不是靠积累德行；世间最高洁的品质，还是由读书培养。

读书即未成名，究竟人高品雅[①]；修德不期获报[②]，自然梦稳心安。

【注释】　①究竟：毕竟，终究。

②不期：不期望，不期待。报：回报。

【译文】　刻苦读书，即使不能功成名就，毕竟使人品质高雅；修养德行，而不期待回报，自然能够恬然安眠。

为善最乐，读书更佳。

【译文】　世间之事，行善最令人快乐，读书则更值得赞许。

诸君到此何为？岂徒学问文章，擅一艺微长，便算读书种子[①]？

在我所求亦恕，不过子臣弟友，尽五伦本分，共成名教中人[②]。

【注释】 ①擅：擅长。艺：古有六艺之说，一指礼、乐、射、御、书、数六种基本技能；一指六经，即《易》《书》《诗》《礼》《乐》《春秋》。从上下文看，此“一艺”指六经一种。

②五伦：指君臣、父子、夫妇、兄弟、朋友五种伦理关系。名教：名即名分，教即教化，是指通过确定人的身份、人伦义务来教化天下，以维护伦理纲常、等级制度。

【译文】 诸位为何到书院学习？难道只是为了做学问、写文章，习得一门微末的技艺或特长，便可算得上传承文化的读书人？

我所追求的也很明白，只是在为子为臣为弟为友上，尽到五种人伦的本分，成为伦理教化的正人君子。

聪明用于正路，愈聪明愈好，而文学功名益成其美[①]。

聪明用于邪路，愈聪明愈谬，而文学功名适济其奸[②]。

【注释】 ①文学：古代的文学既包括我们今天通常所说的文学，还包括学术思想，是学术与文学的总称。

②济：助长，成就。

【译文】 聪明若是用在正路，越聪明越好，文学功名更能使其锦上添花。

聪明如果用于邪路，越聪明越坏，文学功名恰好会助长其奸佞。

战虽有阵[1]，而勇为本；丧虽有礼，而哀为本；士虽有学，而行为本。

【注释】 ①阵：军阵，古代军队的战斗队形。

【译文】 对于交战而言，即使有阵法，但勇猛方为根本；对于丧事而言，虽然应该遵循礼法，但内心的哀痛方为根本；对于读书人而言，即使满腹学识，但德行方为根本。

飘风不可以调宫商[1]，巧妇不可以主中馈[2]，文章之士不可以治国家。

【注释】 ①飘风：旋风，暴风。《诗·大雅·卷阿》：“有卷者阿，飘风自南。”毛传：“飘风，回风也。”宫商：本意指五音中的宫音或商音，古人以宫、商、角、徵、羽为五声或五音，这里泛指音律。古人“候气定律”，天地之气合以生风，风气正则音律定。飘风回旋不定，所以不能定音律。

②中馈：语出《易·家人》：“无攸遂，在中馈。”古代把女性在家庭中从事膳食洒扫之类的家务活动称为“主中馈”。

【译文】 旋风不可以定音律，巧妇未必能主持内务，只会做文章的读书人也不能治理好国家。

经济出自学问[1]，经济方有本源。

心性见之事功[2]，心性方为圆满。

【注释】 ①经济：经国济世，指治国的才干。

②心性：中国古代思想的重要范畴。关于心性关系有许多不同的主张，如孟子的“尽心知性”，禅宗的“明心见性”。心性也是宋明理学的

基本范畴，理学也称为“心性”之学。

【译文】　经国济世之能，只有立足于学问，才有了本源。心性涵养之道，只有见之于功业，才能得圆满。

舍事功更无学问，求性道不外文章。

【译文】　若不见之于功业，世间便没有真正的学问；寻求心性之道，不外乎圣贤文章。

何谓至行？曰庸行[①]。何谓大人[②]？曰小心。何以上达？曰下学[③]。何以远到？曰近思。

【注释】　①庸行：平常的、日常的行为。

②大人：指德行高尚、志趣高远的人。

③下学：指学习人情世故的基本道理。

【译文】　什么是至高的品性？即日常的行为。什么是德高之人？即恭谨之人。如何才能通晓德义？唯有学习基本的人情世故。如何才能做到深远周到？唯有思虑当下。

竭忠尽孝，谓之人。治国经邦，谓之学。安危定变，谓之才。经天纬地，谓之文。霁月光风[①]，谓之度。万物一体，谓之仁。

【注释】　①霁：雨雪停止。指雨后明月清风，用来比喻人胸襟开阔，人品淡雅。语出黄庭坚《豫章集·濂溪诗序》：“春陵周茂叔，人品甚高，胸怀洒落，如光风霁月。”

【译文】 能够忠贞不渝、恪守孝道，才能称之为人。能够扶危济困、安定天下，才能称之为学。能够立足天地、治理国家，才能称之为文。能够胸襟开阔、品格高尚，才能称之为度。能够视万物为一体、齐物我，才能称之为仁。

以心术为本根，以伦理为桢干①，以学问为菑畬②，以文章为花萼③，以事业为结实，以书史为园林，以歌咏为鼓吹，以义理为膏粱④，以著述为文绣，以诵读为耕耘，以记问为居积⑤，以前言往行为师友，以忠信笃敬为修持⑥，以作善降祥为受用⑦，以乐天知命为依归。

【注释】 ①桢干：古代筑墙时，以两板相夹，填土于其中，立在夹板两端的叫“桢”，立在夹板两边的叫“干”，常用来比喻起决定作用的事物。《汉书·匡衡传》：“朝廷者，天下之桢干也。”

②菑畬（zī yú）：本意指田地。菑，新开垦的田地。畬，耕种满三年以上的田地。田地为民生之本，菑畬常用来比喻事物的根本。韩愈《符读书城南》：“文章岂不贵，经训乃菑畬。”

③花萼：萼是花的重要组成部分，在花的最外层，包在花瓣外面，花开时托着花冠。

④膏粱：肥美的食物，这里用来说明讲求义理的重要。

⑤居积：囤积、聚积财物。王充《论衡·知实》：“子贡善居积，意贵贱之期，数得其时，故货殖多，富比陶朱。”

⑥修持：本佛教用语，指修行佛法、持守戒律。这里用来指修心养性，坚守儒家忠信笃敬之道。

⑦作善降祥：指人行善可以获得上天的各种福佑。语出《尚书·伊训》：“作善降之百祥。”

【译文】 以心术为根本，以伦理为主干，以学问为良田，以文章为花萼，以事业为果实，以书籍为园林，以诗歌为音乐，以义理为美食，以著述为锦绣，以诵读为耕耘，以记诵为积累，以先贤的言行为师友，以言语忠诚信实、行为敦厚严肃为修身之道，以行善降祥为享用，以乐天知命为宗旨。

凛闲居以体独[①]，卜动念以知几[②]，谨威仪以定命，敦大伦以凝道[③]，备百行以考德，迁善改过以作圣。

【注释】 ①凛：严肃，敬畏。闲居：安闲居家的时候。这句话就是儒家所强调的“慎独”思想，“慎独”要求人们在闲居的时候，也能自觉遵守伦理规范，不做任何有违儒家道德信念的事情。

②卜：预料。动念：心有所动的一时念头。几：事物的端倪。全句仍然是强调一个人应该时刻警惕，在心有所动时要坚守信念，预估一时的念头可能造成的后果，从而保持一分警醒。

③敦：躬行。大伦：儒家伦理道德的基本原则。凝：凝聚，养成。

【译文】 在闲居时也保持敬畏才能体会独处的意味，心有所动时就能预见端倪，谨守庄严的仪态来把握自己的命运，尊崇伦常大道以成圣贤，谨慎各种行为以成就德行，改过向善以成贤良。

收吾本心在腔子里[①]，是圣贤第一等学问；尽吾本分在素位中[②]，是圣贤第一等功夫。

【注释】 ①腔子：胸腹，指人的躯体。

②素位：指一个人现在所处的地位。语出《礼记·中庸》：“君子素其位而行，不愿乎其外。”

【译文】 保存自己的本心，是圣贤的第一等学问；做好分内之事，是圣贤的第一等功夫。

万理澄澈，则一心愈精而愈谨；一心凝聚，则万理愈通而愈流。

【译文】　事理晓畅，心愈能清楚而专一；心能专一，事理愈能通达而流畅。

宇宙内事[1]，乃己分内事；己分内事，乃宇宙内事。

【注释】　①宇宙：时间和空间的总和，包含古往今来、上下四方。语出《尸子》："上下四方曰宇，往古来今曰宙。"

【译文】　古今天下之事，乃是自己分内之事；自己分内之事，也是古今天下之事。

身在天地后，心在天地前；身在万物中，心在万物上。

【译文】　身虽生于天地万物之后，心却思于天地万物之前；身虽处于天地万物之中，心却置于天地万物之上。

观天地生物气象[1]，学圣贤克己工夫[2]。下手处是自强不息[3]，成就处是至诚无息。

【注释】 ①气象：境界和景象。

②克己：克制约束自我。

③自强不息：语出《易·乾·象》：“天行健，君子以自强不息。”

【译文】 观察天地万物的景象，学习圣贤自我约束的功夫。行动上要自强不息，成就时要至诚存远。

以圣贤之道教人易，以圣贤之道治己难；以圣贤之道出口易，以圣贤之道躬行难[①]；以圣贤之道奋始易，以圣贤之道克终难[②]。圣贤学问是一套，行王道必本天德[③]；后世学问是两截，不修己只管治人。

【注释】 ①躬行：身体力行，亲自去做。

②克终：坚持到最后。语出《诗经·大雅·荡》：“靡不有初，鲜克有终。”

③王道：圣王治国之道，仁义治天下，是儒家理想的政治模式。

【译文】 用圣贤之道教导别人容易，要求自己却很难；将圣贤之道挂在嘴边容易，身体力行却很难；遵从圣贤之道开始奋斗容易，坚持到底却很难。圣贤之道与实践是一个整体，行仁政必本于德性；后世则截然两分，不修持自己的德性，却只管治理别人。

口里伊周[①]，心中盗跖[②]，责人而不责己，名为挂榜圣贤[③]；独凛明旦，幽畏鬼神，知人而复知天，方是有根学问。

【注释】 ①伊周：指商代的伊尹与和周代的周公旦，二人均是历史上著名的贤德之人。

②盗跖：相传是春秋时期无恶不作的著名大盗，后来成为恶人、恶行的象征。

③挂榜圣贤：意思是表面上尊奉圣贤之道，实际上无恶不作。

【译文】　满口仁义道德，心中却是充满恶念，只责令别人而不要求自己，这种人就称为“挂榜圣贤”；白天能严肃独处，在暗处能敬畏鬼神，知晓人事而又能明白天理，这才是真正有根的学问。

无根本底气节[①]，如酒汉殴人，醉时勇，醒来退消，无分毫气力；无学问底识见，如庖人炀灶[②]，面前明，背后左右，无一些照顾。

【注释】　①底：通“的”。

②庖人：古代对厨师的称呼。炀灶：灶台前面烧火。

【译文】　没有根本的气节，就如醉汉打人，只醉时勇猛，醒来便勇气消退，没有一点力气；没有学问的见识，就像厨师在灶台前面烧火，只面前光明，身后左右却一片黑暗。

理以心得为精，故当沉潜[①]，不然，耳边口头也；事以典故为据，故当博洽[②]，不然，臆说杜撰也。

【注释】　①沉潜：集中精神，潜心专注。

②博洽：学识广博。

【译文】　理要用心体会才能得其精髓，所以应该集中精神、潜心专注，否则便只流于耳边口头；事要以典故为依据，所以应当学识广博，否则就成了主观妄谈、凭空捏造。

只有一毫粗疏处，便认理不真，所以说惟精[1]，不然，众论淆之而必疑[2]；只有一毫二三心，便守理不定，所以说惟一[3]，不然，利害临之而必变。

【注释】 ①惟精：语出《尚书·大禹谟》：“人心惟危，道心惟微，惟精惟一，允执厥中。”

②淆：混淆。

③惟一：见“惟精”解释。

【译文】 只要有一点疏略的地方，便会对理认识不清，所以一定要精确，否则，众说纷纭时定会产生疑惑；只要有一点三心二意，便会对理难以坚守，所以一定要专一，否则，面临利害时定会生变。

接人要和中有介[1]，处事要精中有果[2]，认理要正中有通[3]。

【注释】 ①介：耿直，有骨气。

②果：果断，果决。

③通：通达。

【译文】 待人接物要平和而耿直，行为处事要精细而果决，对待事理要正直而通达。

在古人之后议古人之失则易，处古人之位为古人之事则难。

【译文】 生于古人之后议论古人的过失容易，若处于古人的位置能做到古人所做的事却很难。

古之学者得一善言，附于其身；今之学者得一善言，务以悦人。

【译文】 古时的学者得一嘉言，就会放在自己身上去实践；现在的学者得一嘉言，必定以此取悦他人。

古之君子病其无能也[1]，学之；今之君子耻其无能也，讳之[2]。

【注释】 ①病：担心，忧虑。

②讳：回避，忌讳。

【译文】 古时的君子为自己没有才能而忧虑，就会发奋学习；现在的君子以自己没有才能为耻辱，因而隐瞒忌讳。

眼界要阔，遍历名山大川；度量要宏，熟读五经诸史[1]。

【注释】 ①经：指《诗经》《尚书》《礼》《周易》《春秋》五部儒家经典。

【译文】 眼界要开阔，就要遍历名山大川；度量要宽宏，就须熟读经史典籍。

先读经后读史，则论事不谬于圣贤[1]；既读史复读经，则观书不徒为章句[②]。

【注释】 ①谬：违背，背离。

②章句：经学家解说经义的一种方式，剖章析句。此处指不能通达大义，只拘泥于辨析章句。

【译文】 先读经书，再读史书，以经论史，评论古今之事就不会违背圣贤之道；读完史书，再读经书，以史证经，读书就不会只拘泥于辨析章句。

读经传则根底厚[①]，看史鉴则议论伟。观云物则眼界宽，去嗜欲则胸怀净[②]。

【注释】 ①经传：经指儒家经典，传以解释经典。

②嗜欲：嗜好和欲望。

【译文】 读经传会使治学的根基雄厚，看史书则常有高妙的论述。游山川、观云物会使眼界开阔，戒嗜好、去私欲会使胸怀磊落。

一庭之内，自有至乐；六经以外，别无奇书。

【译文】 一方庭院之内，自有莫大的快乐；六经之外，再无珍奇绝妙之书。

读未见书，如得良友；见已读书，如逢故人。

【译文】 初读未曾读过的书，就如觅得一良友；重温已经读过的书，就似故人重逢。

何思何虑，居心当如止水；勿取勿忘[①]，为学当如流水。

【注释】　①取：通“趋”，指冒进，急躁前行。

【译文】　不苦思、不忧虑，心境当如静止不流动的水，平静而无杂念；不冒进、也不忘记，做学问应如流动的水一般永无止境、永不停息。

心不欲杂，杂则神荡而不收；心不欲劳，劳则神疲而不入。

【译文】　心神不能杂乱，杂乱会使精神恍惚而无法集中；心神不能劳累，劳累会使精神疲惫而无所收获。

心慎杂欲，则有余灵；目慎杂观，则有余明。

【译文】　内心谨慎，摒除杂欲，就会葆有无尽的美好；目光审慎，不观杂乱之物，就能看到无尽的光明。

案上不可多书，心中不可少书。鱼离水则鳞枯，心离书则神索[①]。

【注释】　①索：孤独，孤单。

【译文】　桌上的书不能太多，心中的书不能太少。鱼离开了水，鱼鳞就会干枯，心中没有了书，精神也就无从寄托。

志之所趋，无远勿届[1]，穷山距海[2]，不能限也；志之所向，无坚不入，锐兵精甲，不能御也。

【注释】 ①届：到达。

②穷山：指深山。距海：距离遥远的海。

【译文】 只要有远大的志向，就没有到达不了的远方，即使是山海尽头，也不能阻挡；只要有坚定的志向，就没有攻克不了的壁垒，即使是精兵坚甲，也不能抵御。

把意念沉潜得下，何理不可得？把志气奋发得起，何事不可做？

【译文】 如果能使意念沉稳，哪有不能通达之理？如果能够奋发志向，哪有做不到的事？

不虚心，便如以水沃石[1]，一毫进入不得；不开悟，便如胶柱鼓瑟[2]，一毫转动不得；不体认，便如电光照物，一毫把捉不得；不躬行，便如水行得车，陆行得舟，一毫受用不得。

【注释】 ①沃：浇。

②胶柱鼓瑟：柱：调弦用的短木。意思是如果用胶把柱粘住，柱不能移动，就无法调弦弹奏了。常用来比喻固执、拘泥而不知变通。

【译文】 做学问如果不虚心，就像用水浇灌石头，一点也进入不了；

如果不开通觉悟，就像在弦柱被粘住的瑟上弹奏，一点都转动不了；如果不能体会认识，就像电光照在物体上，什么都不能抓住；如果不身体力行，就像在水上行车，陆地上行舟一般，一点用处都没有。

读书贵能疑，疑乃可以启信。读书在有渐[①]，渐乃克底有成。

【注释】 ①渐：循序渐进，逐渐浸染。

【译文】 读书贵在能有疑问，有疑问才会启发思考；读书要循序渐进，循序渐进才能最终有所收获。

看书求理，须令自家胸中点头；与人谈理，须令人家胸中点头。

【译文】 读书求理，要求甚解，能令自己心中信服；与人谈理，能说服他人，要令别人心中信服。

爱惜精神，留他日担当宇宙；蹉跎岁月[①]，问何时报答君亲。

戒浩饮[②]，浩饮伤神。戒贪色，贪色灭神。戒厚味，厚味昏神。戒饱食，饱食闷神。戒多动，多动乱神。戒多言，多言损神。戒多忧，多忧郁神。戒多思，多思挠神。戒久睡，久睡倦神。戒久读，久读苦神。

【注释】 ①蹉跎岁月：指虚度光阴。

②浩饮：酗酒。

【译文】　爱惜精神，才能留待他日以担当天下之大任；虚度光阴，何时能够报答君王父母之恩呢？

戒除酗酒，酗酒使精神受损。戒除色欲，色欲使精神消亡。戒除美味，美味使精神昏沉。戒除饱食，饱食精神沉闷。戒除多动，多动使精神杂乱。戒除多言，多言使精神损伤。戒除多忧，多忧使精神郁结。戒除多思，多思使精神恼乱。戒除久睡，久睡使精神倦怠。戒除久读，久读使精神劳苦。

本类简评

以“学问”为《格言联璧》十一类之首，并非作者随意的行为，而是一种特意的安排。在中国古代，儒家思想对社会影响最为深远，长期主导着社会主流观念。在漫长的历史时期，儒家为社会建立起了一套以“修身、齐家、治国、平天下”为人生目标的核心价值观。修、齐、治、平的人生理想是一个符合逻辑的递进关系，它以修身为起点，以平天下为最高理想，而所谓的“修身”就是一种“学问”之道。古人心目中的“学问”，并非是一种单纯的知识学习，而是通过学习提升个人的道德修养，进而实现或达到“修身”的目的。正因为如此，《格言联璧》开篇就提出了“天地间第一人品，还是读书”，在作者看来，读书学习是最高尚的行为。读书的意义不在于成就个人的功名，而在于追求“人高品雅”的道德境界，此即“士虽有学，而行为本”。当然，由于时代的不同，人们对于“行”也有不同的理解和主张，儒家思想所强调的“行”，主要表现为忠孝仁恕的人伦关系。一个人必须履行君臣、夫妻、父子、兄弟、朋友之间的义务，才能成为“名教中人”。本篇中有不少格言都是强调这种人伦关系的，我们在阅读中应报以温情的敬意，同时也必须明白其时代的局限。特别需要指出的是，本篇中所选取的格言从多个角度论述了读书活动，既强调读书的重要性，又强调了读书的态度、方法，读书要做到心灵明澈、意念沉潜、志气奋发、躬行体认，这些宝贵的读书、问学经验同样值得我们认真地加以汲取。

存养类

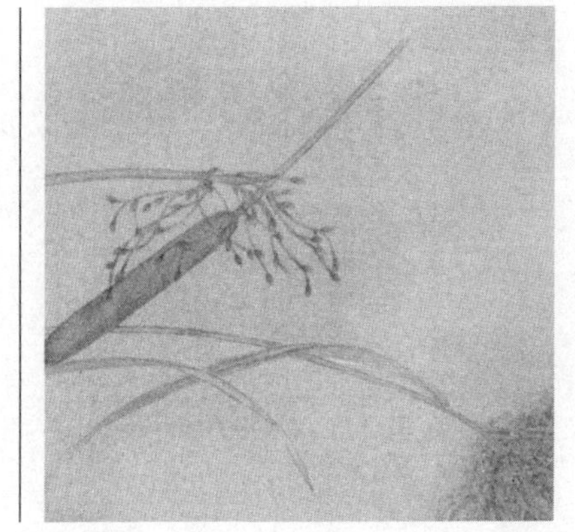

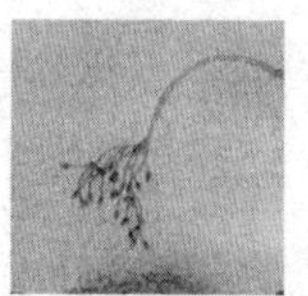

性分不可使不足[①]，故其取数也宜多：曰穷理，曰尽性[②]，曰达天，曰入神，曰致广大，极高明。情欲不可使有余，故其取数也宜少：曰谨行，曰慎行，曰约己[③]，曰清心，曰节饮食，寡嗜欲。

【注释】 ①性分：指人所秉的天性、本性。

②穷理、尽性：是指推求世界万事万物的道理，洞彻人的本性。语出《易·说卦》："穷理尽性，以至于命。"达天：达即"通"，通晓天理。致广大，极高明：语出《中庸》："君子尊德性而道问学，致广大而尽精微，极高明而道中庸。"

③约己：约束自己。

【译文】 人的本性天赋不可以使其压抑，所以应该尽可能地得到发挥：去推求世间万物之理，洞彻人的本性，通晓天理，思维精妙，能够达到宽广博大的境界，又能洞察一切。人的情感欲望不可以使其过多，所以应当予以克制：要谨慎言行，约束自己，居心清正，能够节制饮食，减少嗜好和情欲。

大其心，容天下之物；虚其心，受天下之善；平其心，论天下之事；潜其心，观天下之理；定其心，应天下之变。

【译文】 心胸宽广，才能容纳天下万物；心性谦虚，才能接受天下的大善大德；心境平和，才能纵论天下的成败得失；心思沉稳，才能遍观天下的大道真理；心性坚定，才能应对天下的风云变幻。

清明以养吾之神[①]，湛一以养吾之虑[②]，沉警以养吾之识[③]，刚大以养吾之气，果断以养吾之才，凝重以养吾之度，宽裕以养吾之量，严冷以养吾之操[④]。

【注释】 ①清明：内心清澈明净。

②湛一：语出张载《正蒙·诚明篇》："湛一，气之本；攻取，气之欲。"意为沉静合一，气定神宁。

③沉警：深沉而反应敏捷。

④严冷：肃穆严正的作风。

【译文】 内心清澈明净，才能涵养自己的精神；气定神宁，才能涵养自己的思想；深沉而敏捷，才能涵养自己的才识；刚直正大，才能涵养自己的气概；果敢决断，才能涵养自己的才干；庄重严肃，才能涵养自己的气度；豁达宽容，才能涵养自己的气量；肃穆严正，才能涵养自己的德操。

自家有好处，要掩藏几分，这是涵育以养深；别人不好处，要掩藏几分，这是浑厚以养大。

【译文】 对于自己的长处，要掩藏几分，这是用含蓄蕴藉来培养深沉稳重的品格；对于别人不好的地方，要掩藏几分，这是用朴实厚重来养成宽广的胸襟。

以虚养心，以德养身，以仁养天下万物，以道养天下万世。

【译文】 用清虚淡泊修养心神，用修养德行保养身体，用仁义慈悲抚育天下万物，用圣贤之道教诲天下万世。

涵养冲虚[1]，便是身世学问[2]；省除烦恼，何等心性安和！

【注释】 ①冲虚：恬淡虚静。

②身世：一生，终身。

【译文】 涵养内心的恬淡虚静，这是一生的学问；去除无端的烦恼，心性是多么安静平和！

颜子四勿[1]，要收入来，闲存工夫，制外以养中也；孟子四端[2]，要扩充去，格致工夫[3]，推近以暨远也[4]。

【注释】 ①颜子：孔子的弟子颜渊。四勿：语出《论语·颜渊》：“非礼勿视，非礼勿听，非礼勿言，非礼勿动。”

②孟子：儒家思想的重要代表人物。四端：语出《孟子·公孙丑篇》：“恻隐之心，仁之端也；羞恶之心，义之端也；辞让之心，礼之端也；是非之心，智之端也。”

③格致：格物致知。语出《大学》：“致知在格物。”

④暨：及。

【译文】 颜渊所说的“四勿”，要放在心里，涵养闲邪存诚的功夫，抵制外部的干扰以修养心性；孟子所说的“四端”，要扩充开来，修炼格物致知的工夫，由近及远，推己及人。

喜怒哀乐而曰未发[1]，是从人心直溯道心[2]，要他存养[3]；未发而曰喜怒哀乐，是从道心指出人心，要他省察。

【注释】 ①未发：中国古代思想的重要范畴，指喜欢、愤怒、悲哀、快乐等情感没有向外表露的时候。语出《中庸》："喜怒哀乐之未发谓之中，发而皆中节谓之和。"

②道心：与"人心"相对，即求天理，去人欲之心。《朱子语类》引程子说："人心，人欲也；道心，天理也。"

③存养：即存心养性，语出《孟子·尽心上》："存其心，养其性。"存养是宋明理学所主张的修身养性之法，留存本心，涵养仁善。

【译文】 有喜怒哀乐等情感但没有向外表露的时候，是从人欲直指天理，要人们存心养性；虽然没有向外表露但依然有喜怒哀乐等情感，是从天理指向人欲，要人们自我省察。

存养宜冲粹[1]，近春温；省察宜谨严，近秋肃。

【注释】 ①冲粹：中合纯正。嵇康《答〈难养生论〉》："令尹之尊，不若德义之贵；三黜之贱，不复冲粹之美。"

【译文】 存心养性应该中合纯正，就像春天般温和；自我省察应该谨慎严格，就如秋天般肃寂。

就性情上理会[1]，则曰涵养；就念虑上提撕[2]，则曰省察；就气质上销镕[3]，则曰克治。

【注释】 ①理会：在意。

②提撕：教导，提醒。《诗·大雅·抑》："匪面命之，言提其耳。"

郑玄笺：“我非但对面语之，亲提撕其耳。”

③销镕：熔铸之意。

【译文】 对性情关心在意，这是涵养；对每一分念头想法进行提醒和教导，这是省察；对自我气质进行熔铸，这是克治。

一动于欲，欲迷则昏。一任乎气[1]，气偏则戾[2]。

【注释】 ①任乎气：处事不加约束，任性而为，纵性任意。

②戾：乖戾，违背情理。

【译文】 一旦为欲念所驱使，迷乱了方寸就会使人昏聩。一旦不加约束、任性而为，气量偏执就会使人乖戾。

人心如谷种，满腔都是生意[1]，物欲锢之而滞矣。然而生意未尝不在也，疏之而已耳。

人心如明镜，全体浑是光明，习染薰之而暗矣[2]。然而明体未尝不存也，拭之而已耳。

【注释】 ①生意：生命力，生机。

②习染：受某种（坏）习惯感染、沾染。

【译文】 人的内心就像谷种，充满了生命力，因为物欲的禁锢而变得不畅。然而内心的生命力并不是不存在了，只要时时疏导就会生机勃勃。

人的内心就像明镜，通体都是光明，因为恶习的熏染而变得暗淡。然而内心的明亮并不是不存在了，只要时时擦拭就会光亮如新。

果决人似忙[①]，心中常有余闲。因循人似闲[②]，心中常有余忙。

【注释】 ①果决人：果敢决断的人。

②因循人：拖延犹豫的人。

【译文】 果敢决断的人看起来很忙碌，其实心中常常有闲暇。拖延犹豫的人，其实内心常常很忙乱。

寡欲故静，有主则虚[①]。

【注释】 ①有主则虚：心有定见，则不为外物所控制，虚以待己。

【译文】 欲念少故能安静平和，心有定见则能虚以待己。

无欲之谓圣，寡欲之谓贤，多欲之谓凡，徇欲之谓狂[①]。

【注释】 ①徇：顺从，曲从。

【译文】 没有欲望则称之为圣人，欲望少则称之为贤人，欲望多则称之为凡人，放纵欲望则称之为狂人。

人之心胸，多欲则窄，寡欲则宽。人之心境，多欲则忙，寡欲则闲。人之心术，多欲则险，寡欲则平。人之心事，多欲则忧，寡欲则乐。人之心气，多欲则馁[①]，寡欲则刚。

【注释】 ①馁：软弱，没有果敢之气。

【译文】　人的心胸，欲望多就会狭隘，欲望少则宽广。人的心境，欲望多就会纷乱，欲望少则悠闲。人的心术，欲望多就会险恶，欲望少则平和。人的心事，欲望多就会忧虑，欲望少则快乐。人的心气，欲望多就会软弱，欲望少则刚正。

宜静默，宜从容，宜谨严，宜俭约，四者切己良箴[①]。忌多欲，忌妄动，忌坐驰[②]，忌旁骛，四者切己大病。常操常存，得一恒字诀。勿忘勿助，得一渐字诀。

【注释】　①切己：切身，与自身有紧密关系。箴：劝谏之言。

②坐驰：表面上安坐不动而内心躁动存有杂念。《庄子·人间世》："瞻彼阕者，虚室生白，吉祥止止。夫且不止，是之谓坐驰。"

【译文】　应当宁静沉默，应当从容不迫，应当谨慎细密，应当勤俭节约，这四点是有益于自身的劝谏之言。避免欲望过盛，避免任意行动，避免坐立不安，避免不务正业，这四点是自身应该避免的缺点。在不断的实践中存心养性，悟得恒字的秘诀。在自我修炼中，保持自然，悟得渐字的秘诀。

敬守此心，则心定；敛抑其气[①]，则气平。

【注释】　①敛抑：收敛抑制。

【译文】　恭谨地坚守自己的本心，就会心性坚定；收敛抑制自己的浮躁之气，就会心气平和。

人性中不可缺一物，人性上不可添一物。

【译文】　人在本性之中应该丰富充盈不可缺少一物，人在人性之外不可再有其他附加的需求。

君子之心不胜其小，而气量涵盖一世。

小人之心不胜其大，而志意拘守一隅[①]。

【注释】　①隅：角落，形容内心狭隘。

【译文】　君子的心很小，尤其容易满足，但气量宽广，无所不包。小人的心很大，往往贪得无厌，但内心狭隘，没有远见。

怒是猛虎，欲是深渊。

【译文】　怒气像猛虎一样伤人，欲念似深渊一般难填。

忿如火，不遏则燎原；欲如水，不遏则滔天。

【译文】　愤怒像火，如果不加遏止就会呈燎原之势，烧掉一切；欲念像水，如果不加遏止就会呈滔天之势，淹没一切。

惩忿如摧山，窒欲如填壑；惩忿如救火，窒欲如防水。

【译文】　克制愤怒就像摧毁高山，压制欲念就像填满沟壑；克制愤怒就像救火，压制欲念就像防洪。

心一松散，万事不可收拾。心一疏忽，万事不入耳目。心一执著，万事不得自然。

【译文】 内心一旦松散，什么事情都没办法做好。内心一旦疏忽，做什么事情都无法聚精会神。内心一旦执著，做什么事情都无法遵从本心，无法遵循事物的自然规律。

一念疏忽，是错起头；一念决裂，是错到底。

【译文】 一念之间的疏忽，是错误的开始；一念之间不能善始善终，便会一错到底。

古之学者，在心上做工夫，故发之容貌，则为盛德之符；今之学者，在容貌上做工夫，故反之于心，则为实德之病。

【译文】 古代的学者，在内心涵养上做功夫，所以表现在外表上，就是品德高尚之象；现在的学者，在表面上做功夫，所以反作用于内心，就表现出实际德行的缺陷。

只是心不放肆，便无过差；只是心不怠忽，便无逸志。

【译文】　只要内心不随意放纵，便不会有差错；只要内心不松懈疏忽，便不会过于放纵。

处逆境心，须用开拓法；处顺境心，要用收敛法。

【译文】　在逆境之中，心境要开阔放达；在顺境之中，心思要收敛，约束自己。

世路风霜，吾人炼心之境也。世情冷暖，吾人忍性之地也。世事颠倒，吾人修行之资也。

【译文】　世间之路充满艰辛，是我们锤炼心性的环境。世间之情冷暖无常，是我们克制性情的地方。世间之事时常黑白颠倒，是我们修炼德行的凭借。

青天白日的节义，自暗室屋漏中培来[①]。旋乾转坤的经纶[②]，自临深履薄处得力[③]。

【注释】　①暗室：指没有光亮的隐秘地方。屋漏：本意指屋内西北角，用于安藏神主，为人所不见，借指独处为别人所不见之时，语出《诗·大雅·抑》："相在尔室，尚不愧于屋漏。"

②经纶：治理国家的抱负和才干。

③临深履薄：临深渊，履薄冰，指人应该时刻谨慎小心，唯恐有失。语出《诗经·小雅·小旻》："战战兢兢，如临深渊，如履薄冰。"

【译文】　清明廉洁的节操和义气，是从独处时的严谨律己中培养而来。治理国家的抱负和才干，是从临深渊、履薄冰的小心谨慎中造就而成。

名誉自屈辱中彰，德量自隐忍中大。

【译文】 好的名声从屈辱中得到彰显，道德气量从隐忍中变得宏大。

谦退是保身第一法，安详是处事第一法，涵容是待人第一法[①]，洒脱是养心第一法。

【注释】 ①涵容：包容，宽容，有涵养。

【译文】 谦虚退让是保全自己的第一法则，从容稳重是处理事务的第一法则，涵养包容是待人接物的第一法则，洒脱自然是修身养性的第一法则。

喜来时，一检点[①]；怒来时，一检点；怠惰时，一检点；放肆时，一检点。

【注释】 ①检点：约束自身言行。

【译文】 喜悦来临时，要约束自身言行；愤怒来临时，也要约束自身言行；懒惰倦怠时，要约束自身言行；放纵任性时，也要约束自身言行。

自处超然，处人蔼然[①]。无事澄然[②]，有事斩然[③]。得意淡然，失意泰然。

【注释】 ①蔼然：温和，和善。

②澄然：宁静悠闲。

③斩然：果决，果断。

【译文】 自己独处时要超脱，与人相处时要和善。无事时要宁静悠闲，有事时要果敢决断。得意时要淡泊处之，失意时要泰然自若。

静能制动，沉能制浮。宽能制褊[①]，缓能制急。

【注释】 ①褊：气量狭小。

【译文】 宁静能克制躁动，沉稳能克制浮躁。心胸宽容能克制气量狭小，舒缓能克制急躁。

天地间真滋味，惟静者能尝得出；天地间真机括[①]，惟静者能看得透。

【注释】 ①机括：又作“机栝”，弩上发矢的构件。《庄子·齐物论》：“其发若机栝，其司是非之谓也。”常用来比喻事物的关键之处。

【译文】 天地间真正的滋味，只有心静的人才能品尝得出来；天地间万物的本质，只有心静的人才能看得透。

有才而性缓，定属大才；有智而气和，斯为大智。

【译文】 有才华而性格舒缓，这一定是大才；有智慧而心气平和，这才是大智。

气忌盛，心忌满，才忌露。

【译文】 气势不要过于傲慢，心志不要过于满足，才华不要过于外露。

有作用者[①]，器宇定是不凡[②]；有智慧者，才情决然不露。

【注释】 ①作用：这里指有作为的人。

②器宇：器量，胸怀。

【译文】 有作为的人，胸怀气量定不是普通人可比的；有智慧的人，天资才华决计不会外露。

意粗性躁，一事无成；心平气和，千祥骈集[①]。

【注释】 ①骈集：聚集，集中。

【译文】 意志疏忽、性情急躁，就会一事无成；心气平和、不急不怒，好的事情将会接踵而至。

世俗烦恼处，要耐得下。世事纷扰处，要闲得下。胸怀牵缠处，要割得下。境地浓艳处，要淡得下。意气忿怒处，要降得下。

【译文】 身处世俗的烦恼之中，要能够忍耐。身处世事的纷扰之中，要能够安闲。对待心中的牵挂缠扰，要能够割舍。处于浓艳境地时，要能够淡然处之。心怀愤怒之势，要能够控制。

以和气迎人，则乖沴灭[1]。以正气接物，则妖氛消。以浩气临事，则疑畏释。以静气养身，则梦寐恬[2]。

【注释】 ①乖沴（lì）：灾难，不和之气。

②恬：泰然，安然。

【译文】 用和气对待别人，自身就不会有不和之气。用正气对待事物，自身就不会有不详之气。用浩然之气处事，畏难情绪自然会消解。用宁静之气养身，睡梦之中也能安恬。

观操存[1]，在利害时；观精力，在饥疲时；观度量，在喜怒时；观镇定，在震惊时。

【注释】 ①操存：指人的操守、心志。

【译文】 看一个人的操守，要在其面临利害得失时；看一个人的精力，要在其饥饿疲劳时；看一个人的度量，要在其经历喜怒哀乐时；看一个人的沉着稳重，要在其受到震撼惊吓时。

大事难事看担当，逆境顺境看襟度[1]。临喜临怒看涵养，群行群止看识见[2]。

【注释】 ①襟度：胸襟度量。

②识见：见解、见识。

【译文】 在遭遇大事和难事之时，方能看出一个人的担当；在处于逆境和顺境之时，方能看出一个人的胸襟度量。在面临喜怒哀乐之时，方能看出一个人的涵养；在与同辈相处之时，方能看出一个人的见识。

轻当矫之以重[①]，浮当矫之以实，褊当矫之以宽，执当矫之以圆，傲当矫之以谦，肆当矫之以谨，奢当矫之以俭，忍当矫之以慈[②]，贪当矫之以廉，私当矫之以公，放言当矫之以缄默[③]，好动当矫之以镇静，粗率当矫之以细密，躁急当矫之以和缓，怠隋当矫之以精勤，刚暴当矫之以温柔，浅露当矫之以沉潜，溪刻当矫之以浑厚[④]。

【注释】 ①矫：矫正，纠偏。重：稳重。

②忍：残忍。

③放言：言论放纵，不知顾忌。《后汉书·荀韩锺陈传论》：“汉自中世以下，阉竖擅恣，故俗遂以遁身矫絜放言为高。”李贤注：“放肆其言，不拘节制也。”

④溪刻：也作“犀刻”，尖刻、刻薄。刘义庆《世说新语·豪爽》：“桓公读《高士传》，至于陵仲子，便掷去，曰：‘谁能作此溪刻自处！’”

【译文】 轻佻应该以稳重加以矫正，浮躁应该以务实加以矫正，气量狭小应该以宽宏大量加以矫正，偏执应该以圆融加以矫正，傲慢应该以谦虚加以矫正，放纵应该以谨慎加以矫正，骄奢应该以俭朴加以矫正，残忍应该以慈悲加以矫正，贪欲应该以廉洁加以矫正，自私应该以公正加以矫正，放肆其言应该以沉默加以矫正，好动应该以镇静加以矫正，粗疏轻率应该以细腻严密加以矫正，急躁应该以和缓加以矫正，懒惰倦怠应该以专心勤奋加以矫正，刚猛暴戾应该以温柔平和加以矫正，浅薄外露应该以深沉潜伏加以矫正，刻薄应该以浑厚加以矫正。

本类简评

“存养”，即“存心养性”，是中国古代关于修身养性的重要主张和基本方法。其核心就是要通过克制各种自身的欲念、外在的诱惑，从而保有上天赋予的本心、天性。“存养”思想，源于孟子，是建立在“性善说”基础之上的。宋明理学秉承了孟子的“存养”说，加以完善和体系化，从而建立起一套修身养性的基本方法。它认为，每个人都秉承上天赋予的善良本心，此称之为“性分”，也就是说每个人都有成为尧舜的潜质，只要将自己的“性分”守护好，就可以成为尧舜那样的圣人。因此，本篇许多格言，都是围绕如何“存养”展开的，格言所强调的就是，一个人如何去守护自己的本心，并用它来对抗各种欲念、诱惑，以省察、节制、涵养、谦退之法，培养自己的浩然之气，成就圣贤之道。文中所提出的一系列存养方法：穷理、尽性、达天、谨言、慎行、清心、寡欲、克治、静默、敛抑等，对于今天我们修身养性也不无启迪。通读本篇，我们常常会被其中激荡的崇高理想所深深打动，为其中所推崇的修身法门而衷心折服。时代不同了，道德伦理观念也发生了巨大变化，但是这种守护理想，守护人类精神家园的精神却永不过时。

持躬类

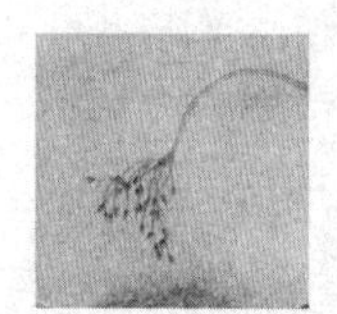

聪明睿知，守之以愚。功被天下[①]，守之以让。勇力振世，守之以怯。富有四海，守之以谦。

【注释】　①被：同“披”，遍及，覆盖。

【译文】　聪明睿智的人，要保持愚拙。功高盖世的人，要保持谦让。勇猛振世的人，要有所畏惧。富甲一方的人，要保持谦谨。

不与居积人争富[①]，不与进取人争贵[②]，不与矜饰人争名[③]，不与少年人争英俊[④]，不与盛气人争是非。

【注释】　①居积：囤积居奇，囤聚财物。

②进取：这里指追求功名地位。

③矜饰：自夸，自我粉饰。

④少年：有本作“年少”。

【译文】　不和囤积居奇的人争富贵，不和追求功利的人争高下，不和自我粉饰的人争名气，不和年少之人争英俊，不和争强好胜的人争是非。

富贵，怨之府也[①]。才能，身之灾也。声名，谤之媒也[②]。欢乐，悲之渐也。

【注释】　①府：根源，源头。

②谤：诽谤。媒：导致双方建立起关系的人或事物。

【译文】　富贵，是招来怨念的源头。才能，是招致灾祸的根由。声名，是遭到诽谤的媒介。欢乐，是悲伤渐至的先兆。

浓于声色[①]，生虚怯病。浓于货利，生贪饕病[②]。浓于功业，生造作病。浓于名誉，生矫激病[③]。

【注释】 ①浓：过分迷恋追求。

②贪饕：贪得无厌。

③矫激：矫情而偏激，矫揉造作以获得声名而导致行为偏激，违背常情。

【译文】 过于迷恋淫靡的音乐与美色，就会生出心虚胆怯的毛病。过分追求货物财利，就会生出贪得无厌的毛病。过于迷恋功勋与事业，就会生出矫揉造作的毛病。过分追求声誉名望，就会生出矫情而偏激的毛病。

想自己身心，到后日置之何处；顾本来面目，在古人像个甚人[①]。

【注释】 ①甚：什么。

【译文】 思考自己的身心，在今后将被后人放在怎样的位置；省察自己的本质，按照古人的标准像个什么样的人。

莫轻视此身，三才在此六尺[①]；莫轻视此生，千古在此一日。

【注释】 ①三才：指天、地、人。语出《易传·系辞下》："有天道焉，有人道焉，有地道焉。兼三才而两之，故六。六者非它也，三才之道也。"六尺：此处指身躯。

【译文】　不要轻视自己的身躯，天、地、人的精华都蕴藏于这六尺之中；不要轻视自己的一生，千古的功业都聚集于一日之内。

醉酒饱肉，浪笑恣谈，却不错过了一日[①]？妄动胡言，昧理纵欲，讵不作孽了一日[②]？

【注释】　①却不：怎么不，岂不。

②讵（jù）：怎，岂。

【译文】　醉酒无度、终日饱食，行为放荡、放纵言谈，岂不是荒废了一天？轻举妄动、胡言乱语，不明其理、放纵私欲，岂不是作恶一天？

不让古人，是谓有志；不让今人，是谓无量。

【译文】　不退让于古人，敢于和古人争高下，这是有志气；不退让于今人，在今人面前不虚心，这是没有度量。

一能胜千，君子不可无此小心；吾何畏彼，丈夫不可无此大志。

【译文】　一个人的力量也许可以对抗千军万马，君子不能没有这样的顾虑；我何必畏惧他人，大丈夫不能没有这样的大志向。

怪小人之颠倒豪杰[①]，不知惟颠倒方为小人。惜君

子之受世折磨，不知惟折磨乃见君子。

【注释】 ①颠倒：迫害。

【译文】 世人总是责怪小人迫害豪杰，殊不知只有在迫害别人时才能显现出小人的嘴脸。世人总是可怜君子受到世事的折磨，殊不知只有在遭遇折磨时才能显现出君子的品质。

经一番挫折，长一番识见。容一番横逆，增一番器度。省一分经营，多一分道义。学一分退让，讨一分便宜。去一分奢侈，少一分罪过。加一分体贴[1]，知一分物情[2]。

【注释】 ①体贴：细心体会。

②物情：世故人情。

【译文】 经历一番挫折，便会增长一分见识。包容一番强暴不顺理的行为，便增大一分度量。少一分谋划，便会多一分道义。学一分退让，便会得一分便宜。省去一分奢侈，便会少一分罪过。多一分细心体会，便会知晓一分世故人情。

不自重者取辱，不自畏者招祸，不自满者受益，不自是者博闻[1]。

【注释】 ①自是：自以为是。

【译文】 不自珍自爱的人往往会受到别人的侮辱，不存敬畏之心的人往往会招致灾祸，不骄傲自负的人往往会有所收获，不自以为是的人往往会见闻广博。

有真才者，必不矜才[①]；有实学者，必不夸学。

【注释】 ①矜：自尊，自大，妄自尊大。

【译文】 有真才华的人，一定不会恃才自夸；有真学问的人，一定不会夸耀学问。

盖世功劳，当不得一个矜字；弥天罪恶，最难得一个悔字。

【译文】 纵然有盖世的功劳，也不能妄自尊大；即便有滔天大罪，最难得的是悔过之心。

诿罪掠功[①]，此小人事。掩罪夸功，此众人事[②]。让美归功[③]，此君子事。分怨共过[④]，此盛德事。

【注释】 ①诿：推脱，推卸。掠：抢夺，争夺。

②众人：凡人，普通人。

③归功：将功劳归于他人。

④分：分担，承担。

【译文】 推脱自己的过错、抢夺别人的功劳，这是小人才做的事。掩饰自己的过错、夸大自己的功劳，这是普通人做的事。不争功劳、归于他人，这是君子才做的事。承担责任、替他人受过，这是崇高的品德。

毋毁众人之名，以成一己之善；毋没天下之理[①]，以护一己之过[②]。

【注释】 ①没：埋没。

②护：袒护。

【译文】 不要为了成就自己的善名，而毁谤众人的名声；不要为了袒护自己的过错，而埋没天下之理。

大著肚皮容物，立定脚跟做人。实处著脚，稳处下手。

【译文】 要宽宏大量能够容纳万物，要脚踏实地做人。要在踏实的地方站立，要从稳当之处下手。

读书有四个字最要紧，曰阙疑好问[①]；做人有四个字最要紧，曰务实耐久。

【注释】 ①阙疑：对疑惑不解的东西不妄加评论。语出《论语·为政》："多闻阙疑，慎言其余，则寡尤。"

【译文】 读书最要紧的是，对疑惑不解的东西不妄加评论，不耻下问；做人最要紧的是，做事认真专一，能够持之以恒。

事当快意时须转，言到快意时须住。

【译文】 做事做到最得意时应该及时转变方向，防止乐极生悲；说话说到最畅快时应该及时打住，防止言语有失。

物忌全胜，事忌全美，人忌全盛。

【译文】　万物都避免将所有的好处集于一身，凡事都不要十全十美，做人则避免兴盛到极点。

尽前行者地步窄，向后看者眼界宽。

【译文】　一味向前走的人，前路会越来越窄；经常向后看的人，眼界会越来越宽。

留有余不尽之巧，以还造化[①]。留有余不尽之禄，以还朝廷。留有余不尽之财，以还百姓。留有余不尽之福，以贻子孙[②]。

【注释】　①造化：大自然。《庄子·大宗师》："今一以天地为大炉，以造化为大冶，恶乎往而不可哉？"

②贻：遗留，留下。

【译文】　将未用尽的技巧留下来，还给大自然。将未用尽的俸禄留下来，还给朝廷。将未用尽的财富留下来，还给百姓。将未用尽的福泽留下来，造福子孙。

四海和平之福，只是随缘[①]；一生牵惹之劳[②]，总因好事。

【注释】　①随缘：顺应机缘，顺其自然。

②牵惹：牵扯，牵连。《朱子语类》卷十六："当如此做，又被那如

彼底心牵惹，这便是不实，便都做不成。”

【译文】 天下和平安定，这样的福泽只能顺其自然；一生牵挂烦恼，这样的劳苦总是因为好事。

花繁柳密处拨得开，方见手段；风狂雨骤时立得定，才是脚跟。

【译文】 在繁花似锦，柳密如织的诱惑之中，能够不受束缚，才是有办法的人；在狂风疾雨的潦倒之中能够站稳脚根，才是意志坚定的人。

步步占先者，必有人以挤之；事事争胜者，必有人以挫之。

【译文】 每一步都想抢占先机的人，必会遭人排挤；每件事都想争强好胜的人，必会遭人打击。

能改过，则天地不怒；能安分，则鬼神无权[①]。

【注释】 ①权：权威。

【译文】 能够改正过错，天地也不会加以谴责；能够安分守已，鬼神也无可奈何。

言行拟之古人，则德进。功名付之天命，则心闲。

报应念及子孙，则事平。受享虑及疾病，则用俭。

【译文】 一言一行，若能按照古人的方式，就会更加贤德。功名利禄，若能听凭天命的安排，就会气定神闲。因果报应，若能考虑到子孙后代，就能处事公正。享受时若能考虑到身体的疾病，就会节省用度。

安莫安于知足，危莫危于多言；贵莫贵于无求，贱莫贱于多欲；乐莫乐于好善，苦莫苦于多贪；长莫长于博识，短莫短于自恃；明莫明于体物，暗莫暗于昧几[①]。

【注释】 ①昧几：不能体察事物发展变化的先机。几：细微的征兆，预兆，先机。

【译文】 最为安逸的莫过于知足，最为危险的莫过于多言；最为可贵的莫过于无欲无求，最为卑贱的莫过于多欲；最大的快乐莫过于乐善好施，最大的痛苦莫过于贪婪无度；最大的长处莫过于学识渊博，最大的短处莫过于自负自矜；最为明智的莫过于能够体察事物；最为昏庸的莫过于不明先机。

能知足者，天不能贫。能忍辱者，天不能祸。能无求者，天不能贱。能外形骸者，天不能病。能不贪生者，天不能死。能随遇而安者，天不能困。能造就人材者，天不能孤。能以身任天下后世者，天不能绝。

【译文】 能够安分知足的人，上天也不能使他陷入贫困。能够忍辱负重的人，上天也不能让他遭受灾祸。能够无欲无求的人，上天也不能让他沦为卑贱。能够超脱于躯体之外的人，上天也不能使他患病。不贪生怕死的人，上天也不能让他死去。能够随遇而安的人，上天也不能让他困顿。能够造就人才的人，上天也不能使他一生孤苦。能够用生命承担天下重任、造福后世的人，上天也不能使他后继无人。

天薄我以福，吾厚吾德以迓之[1]。天劳我以形，吾逸吾心以补之[2]。天危我以遇，吾享吾道以通之。天苦我以境，吾乐吾神以畅之。

【注释】 ①迓（yà）：迎接。

②逸：超越。

【译文】 上天安排我福分浅薄，我就培养高尚的德行去迎接它。上天安排我身体劳顿，我就修炼安逸的心神去弥补它。上天安排我遭遇艰危，我就奉献我的道义以使其通达。上天安排我境况困苦，我就力求精神愉快去疏导它。

吉凶祸福，是天主张。毁誉予夺，是人主张。主身行己，是我主张。

【译文】 人生的吉福与凶祸，是由上天主宰的。人事的毁誉和予夺，是由别人掌控的。自身的言行和道德，是由自己决定的。

要得富贵福泽，天主张，由不得我；要做贤人君子，我主张，由不得天。

【译文】 要得到富贵福泽，需看上天的安排，由不得自己；要成为贤人君子，是自己掌握的，由不得上天。

富以能施为德，贫以无求为德，贵以下人为德[①]，贱以忘势为德。

【注释】 ①下人：谦让而居人之下。

【译文】 富裕的人，如果能乐善好施，则为美德；贫穷的人，如果能无欲无求，则为美德；显贵的人，如果能谦让而居人之下，则为美德；地位低下的人，如果能不把权势放在心上，则为美德。

护体面，不如重廉耻。求医药，不如养性情。立党羽，不如昭信义[①]。作威福，不如笃至诚[②]。多言说，不如慎隐微。博声名，不如正心术。恣豪华，不如乐名教。广田宅，不如教义方[③]。

【注释】 ①昭：显著，昭著。

②笃：一心一意，忠实。至诚：中国古代思想的重要范畴，修身养性的一种最高境界。语出《礼记·中庸》："惟天下至诚，为能经纶天下之大经，立天下之大本，知天地之化育。"

③义方：做人的规范和道理。语出《左传·隐公三年》："石碏谏曰：'臣闻爱子教之以义方，弗纳于邪。'"

【译文】 爱护自己的体面，不如注重礼义廉耻。求医用药，不如涵养自己的性情。结党营私，不如昭示自己的信义。作威作福，不如诚恳忠实。过多的言说，不如谨小慎微。博取好的名声，不如矫正自己的心念。恣意于奢侈淫逸，不如从名教中自取其乐。广置田宅，不如给儿孙教导做人的道理。

行己恭，责躬厚[1]，接众和，立心正，进道勇[2]。择友以求益，改过以全身。

【注释】 ①责躬厚：多责备自己。躬：自身。厚：多。语出《论语·卫灵公》："躬自厚而薄责于人，则远怨矣。"

②讲道：讲求修身立德之道。

【译文】 行为恭敬，多责备自己，处事平和，心意正直，讲求修身立德之道。选择良友以求有所增进，改进缺点以求完满。

敬为千圣授受真源[1]，慎乃百年提撕紧钥[2]。

【注释】 ①千圣：指自古以来的圣人。

②提撕：提醒，告诫。紧钥：关键。

【译文】 敬是自古以来圣人处事之道的根源，慎是需要终生提醒告诫自己的关键。

度量如海涵春育[1]，应接如流水行云[2]。操存如青天白日，威仪如丹凤祥麟[3]。

言论如敲金戛石[4]，持身如玉洁冰清。襟抱如光风霁月，气概如乔岳泰山[5]。

【注释】 ①海涵春育：比喻人的度量像大海一样包容宽厚，待人像春风一样和煦，化育万物。

②应接：待人接物。

③丹凤祥麟：凤凰麒麟，是古代的祥瑞之兽。

④戛：敲打。

⑤乔岳：高山。

【译文】　度量要如大海一般包容宽厚，如春风一般化育万物；待人接物要如行云流水般自然流畅。操行要如青天白日一般光明，威仪要如丹凤呈祥一般严谨祥瑞。

言论要如敲金石一般正直响亮，持身要如玉洁冰清一般洁净无瑕。胸襟应像雨过天晴时的风清月明一般清朗坦荡，气概则如泰山一般坚定雄伟。

海阔从鱼跃，天空任鸟飞，非大丈夫不能有此度量！

振衣千仞冈[①]，濯足万里流[②]，非大丈夫不能有此气节！

珍藏泽自媚，玉韫山含辉[③]，非大丈夫不能有此蕴藉！

月到梧桐上，风来杨柳边，非大丈夫不能有此襟怀！

【注释】　①振衣千仞冈：在千仞高山上抖落衣服上的灰尘。

②濯：洗。

③韫（yùn）：蕴藏。

【译文】　海天宽阔，任鱼鸟飞跃，不是大丈夫不会有此度量！

在千尺高山振衣，在万里长流中洗足，不是大丈夫不会有此气节！

就如湖泊因生长着珍珠而变得妩媚，如山峰因蕴藏了美玉而熠熠生辉，不是大丈夫不会有此蕴藉！

如月明风清般光洁温煦，不是大丈夫不会有此襟怀！

处草野之日[①]，不可将此身看得小；居廊庙之日[②]，不可将此身看得大。

【注释】 ①草野：长满荒草的野外，与下文“廊庙”相对，借指民间。

②廊庙：殿下的房屋与太庙，借指朝廷。

【译文】 身处民间不能把自己看得太轻；位居朝堂之上则不能把自己看得太重。

只一个俗念头，错做了一生人；只一双俗眼目，错认了一生人。

【译文】 只因为有俗世的念头，一生做事皆错；只因为用一双俗眼观人，而一生识人不清。

心不妄念，身不妄动，口不妄言，君子所以存诚。

内不欺己，外不欺人，上不欺天，君子所以慎独。

不愧父母，不愧兄弟，不愧妻子，君子所以宜家。

不负天子，不负生民，不负所学，君子所以用世。

【译文】 不存不正的念头，不做不规矩的动作，不说不实的话，君子因此才能心怀坦诚。

不欺骗自己，不欺骗别人，不欺骗上天，君子因此才能在独处时仍然谨慎而不苟且。

无愧于父母、兄弟、妻子，君子因此才能和顺其家庭。

不辜负国家所托，不辜负对百姓期望，不辜负自己所学，君子因此才能为世所用。

以性分言[1]，无论父子兄弟，即天地万物，皆一体耳，何物非我？于此信得及，则心体廓然矣[2]。

以外物言，无论功名富贵，即四肢百骸，亦躯壳耳，何物是我？于此信得及，则世味淡然矣。

【注释】 ①性分：一个人所秉的天性、本性。

②廓然：空旷远大。

【译文】 就本性而言，无论是父子兄弟还是天地万物，皆是一体，哪有物和我不一样呢？能有这样的体认，则身心都会变得空旷远大。

就外在而言，无论功名富贵还是身体四肢，皆是躯壳，哪有物是我本身呢？能有这样的体认，则可在世俗中淡然处之。

有补于天地曰功[1]，有关于世教曰名[2]，有学问曰富，有廉耻曰贵，是谓功名富贵。

无为曰道，无欲曰德，无习于鄙陋曰文，无近于暧昧曰章[3]，是谓道德文章。

【注释】 ①补：补益。

②世教：世道教化。

③暧昧：指行为、态度没原则，不鲜明。

【译文】 有益于天地称为功，有关于世间名教称为名，有学问才称为富，有廉耻方称为贵，此即所谓功名富贵。

依天命、无作为称为道，无欲念称为德，没有世俗的恶习称为文，处事有原则称为章，此即所谓道德文章。

困辱非忧，取困辱为忧；荣利非乐，忘荣利为乐。

【译文】　处于困顿屈辱的境地不值得忧虑，而自取困辱才值得忧虑；荣耀利益不是真正的快乐，超脱于荣耀利益之外才是真正的快乐。

热闹华荣之境，一过辄生凄凉；清真冷淡之为[①]，历久愈有意味。

【注释】　①清真：清纯，真诚。

【译文】　热闹荣华的光景，过后便生出凄凉之感；而真诚脱俗的作为，才能历久而更有意味。

心志要苦，意趣要乐；气度要宏，言动要谨。

【译文】　心志要能够经受劳苦，意趣要保持乐观；气度要宽宏，言行须谨慎。

心术以光明笃实为第一，容貌以正大老成为第一，言语以简重真切为第一。

【译文】　心思最重要的是光明坦诚，外表最重要的是要正直沉稳，说话最重要的是要简洁真诚。

勿吐无益身心之语，勿为无益身心之事，勿近无益身心之人，勿入无益身心之境，勿展无益身心之书。

【译文】　不要说无益于身心的话，不要做无益于身心的事，不要接近无益于身心的人，不要陷入无益于身心的境地，不要看无益于身心的书。

此生不学一可惜，此日闲过二可惜，此身一败三可惜[①]。

【注释】　①此身一败：一生一事无成。

【译文】　一生不学习，这是第一件可惜之事；一天不务正业、白白度过，这是第二件可惜之事；一生一事无成，这是第三件可惜之事。

君子胸中所常体，不是人情是天理。君子口中所常道，不是人伦是世教。君子身中所常行，不是规矩是准绳。

【译文】　君子心中常常体会到的，不是人情世故而是天道伦常。君子口中常常说的，不是人伦而是社会教化。君子常常践行的，不是成规而是基本的法则。

休诿罪于气化[①]，一切责之人事；休过望于世间[②]，一切求之我身。

【注释】　①气化：天地阴阳之气的变化，自然造化。

②过望：过高期待。

【译文】　不要归罪于自然造化，一切都是人事之责；不要对社会抱有过高的奢望，一切都应求诸自身。

自责之外，无胜人之术；自强之外，无上人之术。

【译文】 除了严格要求自己之外，没有胜过别人的方法；除了自己发愤图强之外，没有超过别人的方法。

书有未曾经我读，事无不可对人言。

【译文】 有未曾读过的书，没有不可对人说的事。

闺门之事可传，而后知君子之家法矣；近习之人起敬①，而后知君子之身法矣。

【注释】 ①近习：亲近，密切接触。

【译文】 家中的事情，尽可外传，就能知道君子的家法是如何的端正严明；对于亲近的人，都恭谨尊敬，就能知道君子对自身要求是如何的严格正派。

门内罕闻嬉笑怒骂，其家范可知；座右遍书名论格言，其志趣可想。

【译文】 门内听不到嬉笑怒骂，可知治家之风范；座右题写着格言名句，可见此人之志趣。

慎言动于妻子仆隶之间[①]，检身心于食息起居之际。

【注释】　①妻子仆隶：妻子、儿女、奴婢、佣人。

【译文】　对待妻子儿女、奴婢用人，也应谨慎言行，日常饮食起居之中，也要时刻检点言行。

语言间尽可积德，妻子间亦是修身[①]。

【注释】　①妻子：妻子儿女。古文“妻子”，一般都指妻子儿女。

【译文】　言语上尽量积德，与妻子儿女相处也要讲求修身之法。

昼验之妻子，以观其行之笃与否也；夜考之梦寐，以卜其志之定与否也。

【译文】　白天从妻子儿女的反应中观照自己的行为，检验自己是否能够做到真诚；夜晚用梦境情况来推测自己的意志，检验自己是否坚定。

欲理会七尺[①]，先理会方寸[②]；欲理会六合[③]，先理会一腔[④]。

【注释】　①七尺：本意是身高，常用来代指人。

②方寸：细微之间，常用来代指人的内心世界。

③六合：上下四方，常用来代指天地宇宙间。

④一腔：指自身、自己。

【译文】　要想明白如何为人，先要端正自己的内心；要想处理好天下大事，先要学会修炼自身。

世人以七尺为性命[1]，君子以性命为七尺。

【注释】　①性命：秉承上天的本性。普通人以为躯体就代表上天赋予的本性，所以称“以七尺为性命”，君子则不然，会像珍惜自己躯体一样对待上天赋予的本性。

【译文】　普通人以为躯体就是上天赋予的本性，而君子会像珍惜自己躯体一样对待上天赋予的本性。

气象要高旷，不可疏狂；心思要缜密，不可琐屑。

趣味要冲淡，不可枯寂；操守要严明，不可激烈。

【译文】　气象要高远旷达，但不可狂放不羁；心思要谨慎周密，但不可琐细零碎。

趣味要谦虚淡泊，但不可枯寒寂寞；操守要严肃公正，但不可激动愤慨。

聪明者，戒太察[1]。刚强者，戒太暴。温良者，戒无断。

【注释】　①察：指过于精明，锱铢必较。

【译文】　聪明的人，切忌过于精明。刚直坚强的人，切忌过于暴躁。温和善良的人，切忌优柔寡断。

勿施小惠伤大体，勿借公道遂私情。以情恕人，以理律己。

【译文】 不要为了施小恩惠而伤害整体，不要借着公道来成全自己的私情。用常情宽恕别人，用道理约束自己。

以恕己之心恕人，则全交[①]；以责人之心责己，则寡过[②]。

【注释】 ①全交：保持友情。

②寡过：少犯错误。

【译文】 用宽恕自己的心去宽恕别人，就会保全友谊；用责备他人的心来责备自己，就会少犯错误。

力有所不能，圣人不以无可奈何者责人；心有所当尽，圣人不以无可奈何者自诿[①]。

【注释】 ①诿：推诿，推卸。

【译文】 尽力也无法达到的，圣人不会用无可奈何苛责于人；应当尽心而未尽，圣人也不会用无可奈何推御责任。

众恶必察，众好必察，易；自恶必察，自好必察，难。

【译文】 认识到别人的缺点，认识到别人的优点，这很容易；认识到自己的缺点，认识到自己的优点，这很难。

见人不是，诸恶之根；见己不是，万善之门。

【译文】 只看到别人的错误，这是万恶的根源；能明察自己的缺失，才是所有善的根本。

不为过三字[①]，昧却多少良心；没奈何三字[②]，抹去多少体面。

【注释】 ①不为过：不能称得上是过错，不过分。

②没奈何：无可奈何。

【译文】 把不过分作为借口，有多少人为此蒙蔽良心；把无可奈何作为理由，有多少人为此失去了体面。

品诣常看胜如我者[①]，则愧耻自增；享用常看不如我者，则怨尤自泯[②]。

【注释】 ①品诣：品行，操行。胜如：超过。

②怨尤：怨天尤人。泯：泯灭，消失。

【译文】 常看品行胜过自己的人，就会感到惭愧羞耻；常看物质享受不如自己的人，怨天尤人的情绪自然会消失。

家坐无聊，亦念食力担夫红尘赤日[①]；官阶不达，尚有高才秀士白首青衿[②]。

【注释】 ①食力：靠力气谋生。红尘赤日：尘土烈日之下，形容艰苦的劳动条件。

②青衿：语出《诗·郑风·子衿》："青青子衿，悠悠我心。"毛传："青衿，青领也。学子之所服。"青衿成为中国古代读书人的代称。明清时期，秀才也称青衿，指府州县学的生员。

【译文】 在家中闲坐无聊，不妨想想，那些靠力气吃饭的人还在尘土烈日之下艰苦劳作；官位不高，不妨想想，有许多才高之士一生也未得功名。

将啼饥者比，则得饱自乐。将号寒者比，则得暖自乐。将劳役者比，则优闲自乐。将疾病者比，则康健自乐。将祸患者比，则平安自乐。将死亡者比，则生存自乐。

【译文】 和那些因饥饿而哭号的人相比，能够吃饱自然就快乐。和因寒冷而哀叫的人相比，得到温暖自然就快乐。和被奴役劳作的人相比，能自在生活就很快乐。和患病的人相比，保持健康就会快乐。和遭遇祸患的人相比，能够平安就快乐。和死去的人相比，能够活着就会快乐。

常思终天抱恨[①]，自不得不尽孝心。常思度日艰难，自不得不节费用。常思人命脆薄，自不得不惜精神。常思世态炎凉，自不得不奋志气。常思法网难漏，自不得不戒非为。常思身命易倾[②]，自不得不忍气性。

【注释】 ①终天：指死丧不幸。陶潜《祭程氏妹文》："如何一往，终天不返!”

②倾：倾覆，逝去。

【译文】 常想到会因为双亲死丧不幸而悔恨终生，就不能不尽孝心。常想到度日的艰难，就不得不节俭用度。常想到人的生命脆弱，就不得不珍惜精神。常想到世俗情态反复无常，就不得不奋发图强。常想到法网恢恢，疏而不漏，就不能不戒除自己的胡作非为。常想到生命易逝，就不得不忍着自己的脾气。

以媚字奉亲[①]，以淡字交友，以苟字省费[②]，以拙字免劳，以聋字止谤，以盲字远色，以吝字防口[③]，以病字医淫，以贪字读书，以疑字穷理，以刻字责己，以迂字守礼，以狠字立志，以傲字植骨，以痴字救贫，以空字解忧，以弱字御侮，以悔字改过，以懒字抑奔竞风[④]，以惰字屏尘俗事[⑤]。

【注释】 ①媚：迎合，讨好。

②苟：随便，不精益求精。

③吝：吝惜语言，少说。

④奔竞：奔走以争取名利。

⑤屏：摒弃。

【译文】 用迎合讨好奉养父母，用谦虚淡泊结交朋友，用姑且随便节俭花费，用朴拙免去劳苦，用充耳不闻消除诽谤，用视而不见远离美色，用吝惜语言防止言多必失，用疲倦困顿医治淫欲，用学无止境的态度读书，用多闻阙疑的态度追求真理，用严格要求对待自己，用迂回守旧遵守礼法，用坚定的决心立志，用藐视不屈树立风骨，用坚持不懈救济贫困，用清虚无碍解脱忧烦，用柔弱抵御侮蔑，用悔过改正错误，用消极懈怠抑制为名利奔走，用懒惰隔除凡人俗事。

对失意人，莫谈得意事；处得意日，莫忘失意时。

【译文】 面对失意的人，不要谈论得意的事；处于得意的时候，不要忘记失意的日子。

贫贱是苦境，能善处者自乐；富贵是乐境，不善处者更苦。

【译文】 贫贱是苦难的境界，能很好地居于其中就会自得其乐；富贵是安乐的境地，不能很好地居于其中反而会陷入苦境。

恩里由来生害，故快意时须早回头；败后或反成功，故拂心处莫便放手[①]。

【注释】 ①拂心：不合心意，不顺利。

【译文】 恩泽里会反生祸害，所以称心如意时应及早回头；失败后也许会反获成功，所以不顺利时，也不要放弃。

深沉厚重，是第一等资质；磊落雄豪，是第二等资质；聪明才辩，是第三等资质。

【译文】 沉着稳重、敦厚笃信，是第一等的资质；胸怀坦荡、豪放雄健，是第二等的资质；耳目敏捷、能言善辩，是第三等的资质。

上士忘名[1]，中士立名[2]，下士窃名[3]。上士闭心[4]，中士闭口，下士闭门。

【注释】 ①忘名：超脱，不为名声左右。

②立名：努力去博得名声。

③窃名：不择手段去博取名声。

④闭心：克制内心欲望，无所欲求。

【译文】 上等的士人，不为名声左右；中等的士人，努力去博得名声；下等的士人，不择手段去博取名声。对于非礼的事，上等的士人内心无所欲求，中等的士人闭口不言，下等的士人紧闭门户。

好讦人者身必危[1]，自甘为愚，适成其保身之智；好自夸者人多笑，自舞其智，适见其欺人之愚。

【注释】 ①讦（jié）：攻讦，说别人坏话或揭人隐私。

【译文】 喜欢攻讦别人的人，常危及自身，如果自己甘心当愚者，却能恰恰成就保全自身的智慧；喜好自我吹嘘的人，多会被众人取笑，自以为得计卖弄了聪明，却恰恰表现出他自欺欺人的愚昧。

闲暇出于精勤，恬适出于祗惧[1]；无思出于能虑，大胆出于小心。

【注释】 ①祗惧：小心谨慎，敬惧。

【译文】 举止安详是出于专心勤奋；淡泊安适，是出于恭敬谨慎；无思无虑，是出于善于思考；胆大无畏，是出于小心翼翼。

平康之中[①]，有险阻焉。衽席之内[②]，有鸩毒焉[③]。衣食之间，有祸败焉。

【注释】 ①平康：处境安顺。

②衽席：卧席，这里指太平安宁的生活。

③鸩毒：用毒酒加害。

【译文】 安顺的处境之中隐藏着危险。安宁的生活之中潜伏着危机。日常衣食小事之中也可能导致败落之祸。

居安虑危，处治思乱。

【译文】 处于安乐之境，要想到可能出现的危险；身处太平盛世，要想到可能出现的祸乱。

天下之势，以渐而成；天下之事，以积而固。

【译文】 天下各种力量消长的态势都是逐渐形成的；天下任何事业的成功都是靠日积月累而得以巩固。

祸到休愁，也要会救；福来休喜，也要会受。

【译文】 遭遇灾祸不必忧愁，要找到方法补救；福泽降临也不必欢喜，要会承受。

天欲祸人，先以微福骄之；天欲福人，先以微祸儆之[①]。

【注释】 ①儆：警告，使心存警惕。

【译文】 上天要降祸于人，必先给他一点小小的福泽使他自满；上天要降福于人，必先给他一点小小的祸患使他心存警惕。

傲慢之人骤得通显[①]，天将重刑之也；疏放之人艰于进取[②]，天将曲赦之也[③]。

【注释】 ①骤：突然。通显：地位通达显要。

②疏放：散漫，狂放。

③曲赦：特别赦免。

【译文】 傲慢的人突然变得通达显要，上天也会惩罚他；狂放不羁的人，努力求进取，上天也会宽容他的行为。

小人亦有坦荡荡处，无所忌惮是已；君子亦有长戚戚处，终身之忧是已。

【译文】 小人也有坦荡之处，因为无所顾忌；君子也会忧戚，因终身都忧国忧民。

君子犹水也，其性冲[①]，其质白，其味淡。其为用也，可以浣不洁者而使洁[②]。即沸汤者投以油，亦自分别而不相混，诚哉君子也！

小人譬油也，其性滑，其质腻，其味浓。其为用也，可以污洁者而使不洁。倘滚油中投以水，必至激搏而不相容，诚哉小人也！

【注释】 ①冲：冲虚，空灵。《老子》：“道冲而用之，或不盈，渊兮似万物之宗。”

②浣：清洗。

【译文】 君子像水，本性冲虚空灵，本质洁白，味平淡。而它的用处，可以清洗不洁之物使其变得清洁。即使在滚烫的热水中放入油，也不会和油相混合，这才是君子！

小人像油，本性光滑，本质油腻，味浓厚。而它的用途，可污染洁净之物使其变得不洁。若在滚烫的油中放入水，二者必然相抗而不相容，这就是小人！

凡阳必刚，刚必明，明则易知；凡阴必柔，柔必暗，暗则难测。

【译文】 凡性阳必刚强，刚强则会明亮，明亮则容易了解；凡性阴必柔弱，柔弱则会阴暗，阴暗则难以预测。

称人以颜子[①]，无不悦者，忘其贫贱而夭；指人以盗跖[②]，无不怒者，忘其富贵而寿。

【注释】 ①颜子：即颜回，孔子最得意的弟子，箪食瓢饮，乐而不忧，不幸早亡。

②盗跖：相传是春秋时期著名的大盗，以寿终。

【译文】　称人为颜子，没有人不高兴的，并不在意颜回贫贱短寿；称人为盗跖，没有不发怒的，即便盗跖富贵而长寿。

事事难上难，举足常虞失坠[①]；件件想一想，浑身都是过差[②]。

【注释】　①虞：担心，防备。

②过差：过失差错。

【译文】　事事都会有困难，举手投足间更要防备失误，思虑周祥；仔细想一想做过的每一件事，全身都是过失差错。

怒宜实力消融[①]，过要细心检点。

【注释】　①实力：切实努力。消融：化解，消除。

【译文】　有怒气要尽力消化，有过错要仔细检讨。

探理宜柔，优游涵泳[①]，始可以自得；决欲宜刚[②]，勇猛奋迅，始可以自新。

【注释】　①优游涵泳：从容地深入领会，品味思考。

②决欲：断绝欲念。

【译文】　探求事理要缓和，从容地深入领会，品味思考，才能够有所得；决断欲念要果断，奋力果决才能自新。

惩忿窒欲[①]，其象为损[②]，得力在一忍字；迁善改过，其象为益[③]，得力在一悔字。

【注释】 ①窒欲：不放纵，控制欲望。

②象：卦象。损：《周易》六十四卦之一，《象》曰："山下有泽，损。君子以征忿窒欲。"强调君子要克制自己的愤怒不要发火，并克制自己的欲望。

③益：《周易》六十四卦之一，《象》曰："风雷，益。君子以见善则迁，有过则改。"强调君子要见善思齐，有过则改。

【译文】 克制愤怒，控制欲望，其卦象为损，关键在于忍；见善思齐，有过则改，其卦象为益，关键在于悔。

富贵如传舍[①]，惟谨慎可得久居；贫贱如敝衣，惟勤俭可以脱卸。

【注释】 ①传舍：古代驿站，或供来往行人休息、住宿的地方。

【译文】 富贵如驿站，人们只有谨慎才得以长久地居住；贫贱如破衣服，人们只有勤俭才可能脱掉。

俭则约，约则百善俱兴；侈则肆，肆则百恶俱纵。

【译文】 节俭就会有节制，有了节制各种好事都会发生；奢侈就放肆，放肆则各种坏事都泛滥。

奢者富不足，俭者贫有余；奢者心常贫，俭者心常富。

【译文】　奢侈的人虽然富裕也常有所缺失，节俭的人即便贫穷也有结余；奢侈的人内心贫瘠，节俭的人内心富足。

贪饕以招辱[①]，不若俭而守廉。干请以犯义[②]，不若俭而全节。侵牟以聚怨[③]，不若俭而养心。放肆以遂欲，不若俭而安性。

【注释】　①贪饕：贪得无厌。

②干请：请托钻营。

③侵牟：侵害，掠夺。

【译文】　贪得无厌会招致侮辱，不如节俭而守廉洁之气。请托钻营会冒犯节义，不如节俭而成全节义。侵害掠夺会积聚怨愤，不如节俭而涵养心性。放纵自己会满足欲望，不如节俭而安定性情。

静坐，然后知平日之气浮。守默，然后知平日之言躁。省事，然后知平日之心忙。闭户，然后知平日之交滥。寡欲，然后知平日之病多。近情[①]，然后知平日之念刻[②]。

【注释】　①近情：从人之常情考虑问题。

②刻：刻薄不近人情。

【译文】　静坐的时候，才知道平日的心浮气躁。保持沉默时，才知道平日言语浮躁。反省自己的行为，才知道平日心思忙乱。闭门谢客，才知平日交友泛滥。减少自己的欲望，才知道平日多弊病。从人之常情考虑问题，才知道平日的刻薄不近人情。

无病之身，不知其乐也，病生，始知无病之乐；无事之家，不知其福也，事至，始知无事之福。

【译文】 身体没有病痛时，不知这其中的平安喜乐，有了病痛，才知无病之时的喜乐；家中没有祸事时，不知这其中的福泽深厚，直到祸事降临，才知无事之时的福泽。

欲心正炽时[①]，一念著病，兴似寒冰；利心正炽时，一想到死，味同嚼蜡[②]。

【注释】 ①炽：炽热，旺盛。

②嚼蜡：形容索然无味。

【译文】 心中的欲望正炽烈时，一想到将会生病痛苦，兴致就如寒冰；逐利之心正旺盛时，一想到将会命丧黄泉，味道如同嚼蜡。

有一乐境界，即有一不乐者相对待；有一好光景，便有一不好底相乘除[①]。

【注释】 ①乘除：抵消。

【译文】 有一个安乐的境地，就有一个不安乐的境况与之相对；有一分好的光景，便有一分不好的光景与之相抵消。

事不可做尽，言不可道尽，势不可倚尽，福不可享尽。

【译文】 做事，不能做尽；说话，不能说尽；倚势，不能倚尽；享福，不能享尽。

不可吃尽，不可穿尽，不可说尽；又要懂得，又要做得，又要耐得。

【译文】 在生活用度上，不能过于饱食，不能穿得太过光鲜，说话不能不留有余地；在日常行为中，又要懂得，又要做得，还要善于忍耐。

难消之味休食，难得之物休蓄，难酬之恩休受，难久之友休交，难再之时休失，难守之财休积，难雪之谤休辩，难释之忿休较[①]。

【注释】 ①释：放下，消除。较：计较。

【译文】 不要贪吃难以消化的美味，不要储藏难以获取的宝物，不要接受难以报答的恩惠，不要结交难以长久的朋友，不要失去难以再现的时光；不要存积难以守护的资财，不要辩白难以洗去的诽谤，不要计较难以消除的愤恨。

饭休不嚼便咽，路休不看便走，话休不想便说，事休不思便做，衣休不慎便脱，财休不审便取[1]，气休不忍便动，友休不择便交。

【注释】 ①审：仔细思考。

【译文】 吃饭不可不咀嚼就咽，走路不可不看便走，话不可不思考便脱口而出，事不可不考虑就贸然去做，衣服不能不谨慎就脱，钱财不能仔细思考便据为己有，怒气不可不忍而任意发作，朋友不可不加选择就随便结交。

为善如负重登山，志虽已确，而力犹恐不及；为恶如乘骏走坂[1]，鞭虽不加，而足不禁其前。

【注释】 ①骏：骏马。坂：山坡，斜坡。

【译文】 做好事就如背负重物登山，志向虽已确立，但总是担心力量不够；做坏事好像骑着快马下坡，虽然未加鞭，但已经控制不住地向前。

防欲如挽逆水之舟，才歇手，便下流[1]；力善如缘无枝之树[2]，才住脚，便下坠。

【注释】 ①下流：顺流而下。

②缘：攀爬。

【译文】 控制欲念如同牵拉逆水中的船，一旦停手，便会顺流而下；着力行善如同攀爬没有枝节的树，一旦停住，便会立刻下滑。

胆欲大，心欲小；智欲圆，行欲方。

【译文】 胆识要大，心思要细密；智慧要圆融，行为要端正。

真圣贤，决非迂腐；真豪杰，断不粗疏。

【译文】 真正的圣贤，决不是守旧固执之人；真正的豪杰，断不是心性疏略之人。

龙吟虎啸，凤翥鸾翔[1]，大丈夫之气象；蚕茧蛛丝，蚁封蚓结[2]，儿女子之经营[3]。

【注释】 ①翥（zhù）：鸟向上飞。鸾：传说中的神鸟。

②蚁封：蚂蚁窝。蚓结：蚯蚓爬行时屈曲的状态。

③儿女子：妇孺之辈，指小人。

【译文】 如同龙虎的吟啸，如同凤鸾的飞翔，这才是大丈夫的气象；像春蚕结茧、蜘蛛吐丝，像蚂蚁封巢、蚯蚓爬行，这是小人的谋划。

格格不吐[1]，刺刺不休[2]，总是一般语病，请以莺歌燕语疗之；恋恋不舍，忽忽若忘，各有一种情痴，当以鸢飞鱼跃化之[3]。

【注释】 ①格格：有心事的样子。

②刺刺：爱说话的样子。

③鸢飞鱼跃：鹰在天空飞翔，鱼在水中腾跃。效法鹰飞鱼跃那样的自由洒脱，去化解各种情痴。

【译文】　心事重重不言不语，多言多语喋喋不休，都是说话的病态，要用莺歌燕语般令人悦耳之语治疗；心有所系难以割舍，失意迷惘若有所忘，都是为情痴迷，要效法鹰飞鱼跃那样的自由洒脱，去化解各种情痴。

问消息于蓍龟[①]，疑团空结；祈福祉于奥灶[②]，奢想徒劳。

【注释】　①蓍（shī）龟：蓍草与龟甲，古人占卜用具。

②奥灶：奥神与灶神。奥：房屋内的西南角，古人认为神居之处。语出《论语·八佾》："与其媚于奥，宁媚于灶。"

【译文】　用占卜来问消息，疑团仍旧存在；向鬼神祈求福祉，只是奢望徒劳。

谦，美德也，过谦者怀诈；默，懿行也[①]，过默者藏奸。

【注释】　①懿（yì）：美好。

【译文】　谦虚是美德，但过于谦虚的人心怀狡诈；沉默是好的行为，但过于沉默的人则胸藏奸伪。

直不犯祸，和不害义。

【译文】　正直不会招惹灾祸，温和不会损害道义。

圆融者无诡随之态[①]，精细者无苛察之心，方正者无乖拂之失，沉默者无阴险之术，诚笃者无椎鲁之累[②]，光明者无浅露之病，劲直者无径情之偏[③]，执持者无拘泥之迹，敏炼者无轻浮之状。

【注释】 ①诡随：没有原则地附随别人。

②椎鲁：愚钝，愚鲁。

③径情：任性，随心。

【译文】 圆融随和的人没有枉随人意的态度，精明细心的人没有苛刻细察的心思，行为端正的人没有乖戾的行为，沉默寡言的人不是有阴险的手段，真诚忠厚的人并不是累于愚钝，光明磊落的人没有肤浅的缺点，坚强正直的人并不是任性偏执，坚持不变的人没有拘泥的毛病，聪敏练达的人并不是表现得轻浮。

才不足则多谋，识不足则多事，威不足则多怒，信不足则多言，勇不足则多劳，明不足则多察，理不足则多辩，情不足则多仪。

【译文】 才能不足的人则多谋算，见识不够的人则多事，威仪不足的人则多怨怒，诚信不够的人则多言语，勇气不足则多辛劳，不够明智则多察查，事理不足则多辩论，情分不够则多礼仪。

私恩煦感[①]，仁之贼也；直往轻担[②]，义之贼也；足恭伪态[③]，礼之贼也；苛察歧疑[④]，智之贼也；苟约固守[⑤]，信之贼也。

【注释】 ①私恩：私人恩惠。煦（xù）：温暖。

②直往：行事草率。轻担：无承担，不负责任。

③足恭：过分恭敬献媚的样子。

④歧：多。

⑤苟约：随意的约定或者誓言。

【译文】 只将恩惠施与个人，是对仁的损害；行事草率、不负责任，是对义的损害；过分恭敬、伪装仪态，是对礼的损害；苛求细察、行事多疑，是对智的损害；随意定约、过分坚持，是对信的损害。

有杀之为仁，生之不为仁者；有取之为义，与之为不义者；有卑之为礼，尊之为非礼者；有不知为智，知之为不智者；有违言为信，践言为非信者。

【译文】 有杀死他是仁德，让他生存下来是不仁的事；有夺取是合乎道义，而给予是违背道义的事；有轻视他是遵守礼，而尊敬他是违背礼的事；有不知方为智慧，而知反为不智的事；有违背诺言为守信，而践行诺言为背信的事。

愚忠愚孝，实能维天地纲常[①]，惜不遇圣人裁成[②]，未尝入室[③]；大诈大奸，偏会建世间功业，倘非有英主驾驭，终必跳梁[④]。

【注释】 ①纲常：儒家所提倡的人伦道德体系，即“三纲五常”。

②裁成：教育，教化。

③入室：进入室内。古代宫室，前面是堂，后面是室。比喻学问或技能达到了很高的水平。

④跳梁：欢腾捣乱而没有真本事。语出《庄子·逍遥游》：“子独不

见狸狌乎，卑身而伏，以候敖者，东西跳梁，不辟高下。”

【译文】　愚忠愚孝，实能维系天地间的伦常，可惜没有圣人教化，不能进一步登堂入室；奸诈之人，偏能建立人世间的功业，若不是有英明君主操控，最终必成跳梁小丑。

知其不可为而遂委心任之者，达人智士之见也；知其不可为而亦竭力图之者，忠臣孝子之心也。

【译文】　知道不可能做到便顺从本心放任自然，这是聪明人的做法；知道不可能做到却依然竭尽全力，这是忠臣孝子之心。

小人只怕他有才，有才以济之，流害无穷；君子只怕他无才，无才以行之，虽贤何补。

【译文】　只怕小人有才能，有才又不断施展，只会后患无穷；只怕君子无才，无才而处事，即使贤德又有什么补益。

本类简评

“持躬”意思是身体力行，就是要将修身养性的具体方法落实到个人的生活实践中。中国古代思想，一言以蔽之，就是注重道德，强调修身养性的重要。“学问”“存养”两类已反复强调了修身的重要，并提出了一系列修身的方法，本篇则将重心落在了“躬行”。“绝知此事要躬行”，理想也好，梦想也好，说一千、道一万，终归要回到现实层面。本篇中许多格言都是生活经验的总结，是贤者生活方式的展现，充满了睿智，富于才思。人是社会的一个分子，总是会受到社会各个方面的左右和影响，人的社会处境非常复杂，所以“躬行”常常就会存在许多具体的困难：面对困境能否坚持修身养性？如何坚持？又如何修身养性？凡此种种，细读本篇都能找到答案。其中许多内容主张振聋发聩，如“勇力振世，守之以怯。富有四海，守之以谦。”“不自重者取辱，不自畏者招祸，不自满者受益，不自是者博闻。”“心不妄念，身不妄动，口不妄言，君子所以存诚。内不欺己，外不欺人，上不欺天，君子所以慎独。不愧父母，不愧兄弟，不愧妻子，君子所以宜家。不负天子，不负生民，不负所学，君子所以用世。”这些格言即使今天读来，也给人以力量，给人以鼓舞，给人以智慧。

摄生类

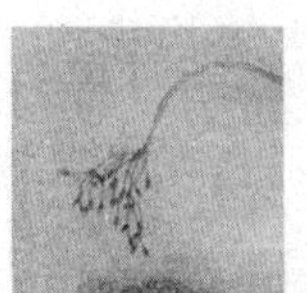

慎风寒，节饮食，是从吾身上却病法[1]；寡嗜欲，戒烦恼，是从吾心上却病法。

【注释】 ①却：祛除。

【译文】 注意天气变化，节制饮食，这是从身体上祛除疾病的方法；减少嗜好欲望，消除烦恼，这是从内心祛除疾病的方法。

少思虑以养心气，寡色欲以养肾气，勿妄动以养骨气，戒嗔怒以养肝气[1]，薄滋味以养胃气，省言语以养神气，多读书以养胆气，顺时令以养元气[2]。

【注释】 ①嗔怒：恼怒。

②元气：中医术语，指人体内的“正气”。中医认为，人之所以生病就是元气被邪气所侵，因此养元气即可养生。

【译文】 少思少虑，来调养心气；减少色欲，来调养肾气；不要妄动，来调养骨气；不要恼怒，来调养肝气；饮食素淡，来调养胃气；减少话语，来调养神气；博览群书，来调养胆气；顺应时令，来调养元气。

忧愁则气结，忿怒则气逆[1]，恐惧则气陷[2]，拘迫则气邪，急遽则气耗。

【注释】 ①逆：行气不顺畅。

②陷：下沉。

【译文】 忧伤愁苦，就会心气滞结；愤怒怨恨，就会行气不顺；惊恐畏惧，就会心气下沉；拘谨固执，就会心气不正；急躁浮嚣，就会心气损耗不足。

行欲徐而稳[①]，立欲定而恭，坐欲端而正，声欲低而和。

【注释】 ①欲：要，应当。

【译文】 行走要徐缓而稳健；站立要立定而恭敬；坐着要端庄又平正；说话要低沉又和缓。

心神欲静，骨力欲动[①]；胸怀欲开，筋骸欲硬；脊梁欲直，肠胃欲净；舌端欲卷，脚跟欲定；耳目欲清，精魂欲正。

【注释】 ①骨力：体力。

【译文】 心神应当保持平静，骨力应当保持活力；胸怀应当开阔，筋骨应当硬朗；脊梁应当挺直，肠胃应当洁净；舌端应当谨慎寡言，脚跟应当坚定不移；耳目应当保持清明，精神应当保持正直。

多静坐以收心，寡酒色以清心，去嗜欲以养心，玩古训以警心[①]，悟至理以明心。

【注释】 ①玩：把玩，此处指细心领悟、体会。

【译文】 常常静坐，来收拢心神；减少饮酒色欲，来清除心中杂念；摒弃嗜好情欲，来涵养内心；体味古人教训，来警戒内心；领悟至理名言，来发现本心。

宠辱不惊，肝木自宁；动静以敬，心火自定；饮食有节，脾土不泄；调息寡言，肺金自全；恬淡寡欲，肾水自足。

【译文】 将宠辱得失置之度外，则肝自宁；或动或静都谨慎对待，则心自静；饮食有所节制，则脾自安；调节呼吸少言语，则肺自保全；淡泊少欲，则肾气自足。

道生于安静，德生于卑退；福生于清俭，命生于和畅。

【译文】 道自安稳宁静之中得来，德于谦卑退让之中养成；福在清廉节俭之中积累，命于和顺舒畅之中保全。

天地不可一日无和气，人心不可一日无喜神。

【译文】 天地间不可一日无太和元气，人的内心不可一日无欢喜情绪。

拙字可以寡过，缓字可以免悔，退字可以远祸，苟字可以养福，静字可以益寿。

【译文】　质朴愚拙可以使人少犯过错，三思而行可以使人免于后悔，谦虚退让可以使人远离灾祸，居于人下可以使人积累福气，淡泊宁静可以使人长寿。

勿以妄心戕真心，勿以客气伤元气。

【译文】　不要用虚妄的心伤害自己的本心，不要因外在的因素伤害自身的元气。

拂意处要遣得过[1]，清苦日要守得过，非理来要受得过，忿怒时要耐得过，嗜欲生要忍得过。

【注释】　①遣：排遣。

【译文】　不如意的事要能够排遣，清苦的日子要能够坚守，无道理的事要能够经受，愤怒时要能够忍耐，欲望产生时要能够克制。

言语知节，则愆尤少；举动知节，则悔吝少；爱慕知节，则营求少；欢乐知节，则祸败少；饮食知节，则疾病少。

【译文】　言语知分寸、有节制，则过失少；行为知分寸、有节制，则悔恨少；爱慕知分寸、有节制，则谋求少；快乐知分寸、有节制，则祸患少；饮食知分寸、有节制，则疾病少。

人知言语足以彰德，而不知慎言语乃所以养德；人知饮食足以益身，而不知节饮食乃所以养身。

【译文】 世人都知道言语可以彰显自己的德行，但不知谨言慎语可以涵养自己的品德；世人都知道饮食有益于身体，却不知节制饮食可以保养自己的身体。

闹时炼心，静时养心，坐时守心，行时验心，言时省心，动时制心。

【译文】 热闹时可以锻炼心境，安静可以涵养心性，坐时可以坚守本心，行走时可以检验内心，说话时要反省本心，行动时要约束内心。

荣枯倚伏[①]，寸田自开惠逆[②]，何须历问塞翁[③]？修短参差[④]，四体自造彭殇[⑤]，似难专咎司命[⑥]！

【注释】 ①荣枯倚伏：人世盛衰相互依存，一盛一衰。

②寸田：内心。

③塞翁：语出《淮南子》："塞翁失马，焉知非福。"

④修短：长短。

⑤彭殇：彭即彭祖，传说中的长寿者；殇，夭折，未成年而死。

⑥司命：中国古代传说掌管人命运的神。

【译文】 人世的盛衰相互依存，内心的开合一切由己，顺与逆顺其自然，何必去问别人？长短参差，四时运行，长寿或短命，一切都是自然而成，何必去怪别人！

节欲以驱二竖[1]，修身以屈三彭[2]，安贫以听五鬼[3]，息机以弭六贼[4]。

【注释】 ①二竖：疾病。语出《左传·成公十年》：“公梦疾为二竖子，曰：‘彼良医也，惧伤我，焉逃之?’其一曰：‘居肓之上，膏之下，若我何?’医至，曰：‘疾不可为也，在肓之上，膏之下，攻之不可，达之不及，药不至焉，不可为也。’”

②三彭：即三尸，道教认为人身体中存在三尸之神，三尸姓彭，故称三彭。

③五鬼：指智穷、学穷、文穷、命穷、交穷五个穷鬼。

④息机：停息心机，不要算计。六贼：佛教用语，指色、声、香、味、触、法六尘，此六个方面导致人产生各种欲望、烦恼，故称六贼。

【译文】 节制欲念，来驱除疾病；修养身心，来降服三尸；安贫乐道，听凭五鬼；摒除机巧，来消弭六贼。

衰后罪孽，都是盛时作的；老来疾病，都是壮年招的。

【译文】 衰颓后的恶果，都是强盛时不知修持而积累来的；人老后的疾病，都是因年轻时不知养生而招致的。

败德之事非一，而酗酒者德必败；伤生之事非一，而好色者生必伤。

【译文】 败坏德行的事并不是只有一件，但酗酒必定败德；伤害生命的行为也并不是只有一种，但好色必定伤生。

木有根则荣，根坏则枯。鱼有水则活，水涸则死。灯有膏则明[①]，膏尽则灭。人有真精，保之则寿，戕之则夭[②]。

【注释】 ①膏：用来点灯的油脂。

②戕：伤害。

【译文】 树木有根才会繁荣，如果根部腐坏，树木就会枯萎。鱼有水才能存活，如果水干涸了，鱼就会死。灯有油才能照明，油尽则灯灭。人有真精神，保养则长寿，伤害则必死。

本类简评

本篇称“摄生”，指善于养护生命，与养生意思相近。曹魏时嵇康曾写过《摄生论》，摄生就是养生。本篇的养生观，是中国古代中医思想和儒家修身思想相结合的产物，“养心”与“养身”并重，身心健康同等重要，这一点到了今天也具有一定的指导意义。当然，由于时代知识的局限，古人对于生病的原因并不能准确地揭示出来，所以一些养生的方法不能照搬，我们在阅读时必须加以注意。

敦品类

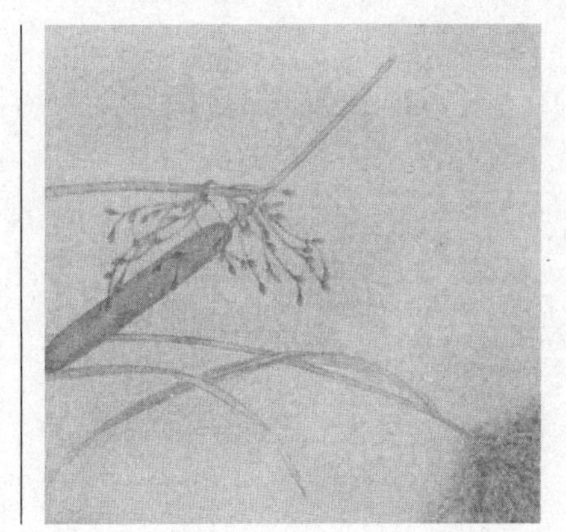

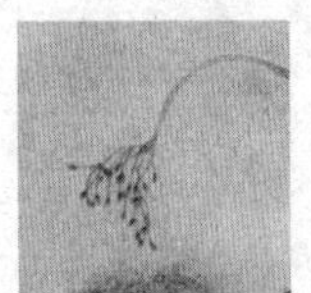

欲做精金美玉的人品，定从烈火中锻来。思立揭地掀天的事功，须向薄冰上履过。

【译文】 想要有金玉般精纯美好的人品，一定要在烈火般艰苦的境遇中锤炼而成。想要建立惊天动地的丰功伟业，必须要如行走在薄冰上一般小心谨慎。

人以品为重，若有一点卑污之心[①]，便非顶天立地汉子。品以行为主，若有一件愧怍之事[②]，即非泰山北斗品格[③]。

【注释】 ①卑污：卑劣肮脏。

②愧怍（zuò）：惭愧，羞愧。

③泰山：五岳之首。北斗：即北斗七星，《史记·天官书》说："北斗七星，所谓'旋、玑、玉衡、以齐七政'。……斗为帝车，运于中央，临制四乡。分阴阳，建四时，均五行，移节度，定诸纪，皆系于斗。"北斗在古人心目中具有特别高的地位。泰山北斗并称，用来形容一个人品行高洁，令人敬仰。

【译文】 人以品格为重，如果存有一点卑劣肮脏的心思，就不能称为顶天立地的丈夫。品格以行为为主，假如做过一件令人惭愧的事情，也不是泰山北斗般的高洁品行。

人争求荣乎，就其求之之时，已极人间之辱；人争恃宠乎，就其恃之之时，已极人间之贱。

【译文】 世人争相追求荣华，而就在其孜孜以求之时，已经受尽了人间的奇耻大辱；世人争相倚仗荣宠，而就在其有恃无恐之时，已经沦落到了人间最卑贱之处。

丈夫之高华[①]，只在于功名气节[②]；鄙夫之炫耀，但求诸服饰起居。

【注释】 ①高华：高贵品质，磊落风华。

②功名：功业名望。

【译文】 大丈夫的高贵品质，只在于功名气节；凡夫俗子所追求炫耀的，是饮食起居。

阿谀取容[①]，男子耻为妾妇之道；本真不凿[②]，大人不失赤子之心[③]。

【注释】 ①阿谀：用言语奉承别人。取容：讨好。《汉书·张释之传》："以不能取容当世，故终身不仕。"

②本真：人的本来面目。凿：矫揉造作。

③赤子：婴儿，常用来形容一个人纯洁善良。

【译文】 用言语奉承讨好，男子汉当以这些妾妇的伎俩为耻；保持本性，不矫揉造作，大丈夫不应丢失赤子之心。

君子之事上也，必忠以敬[①]；其接下也，必谦以和。

小人之事上也，必谄以媚；其待下也，必傲以忽[②]。

【注释】　①以：而，连词，表示并列关系。

②忽：轻蔑，轻慢。

【译文】　君子侍奉上位者，一定是忠诚而恭敬的；接待下位者，必然是谦虚而温和的。小人侍奉上位者，一定是会奉承献媚；对待下位者，必然是傲慢轻蔑。

立朝不是好舍人[①]，自居家不是好处士[②]；平素不是好处士[③]，由小时不是好学生。

【注释】　①舍人：官职名称，这里指官员。

②处士：指没有出仕的品格高洁的读书人。

③平素：平常时候，向来。

【译文】　在朝为官时不是好官员，源自于未出仕时就不是品格高洁的读书人；平日里不是品格高洁的读书人，是因为小时候就不是一个好学生。

做秀才如处子，要怕人；既入仕如媳妇，要养人；归林下如阿婆[①]，要教人。

【注释】　①林下：幽静之地，指一个人放弃官职，退隐山林田野。

【译文】　读书学习时要像闺中少女一样，要对人小心谨慎；做官之后如同已嫁人的媳妇，要使百姓能各有所养；年老辞官后如同慈祥的老太婆，要担负起教育后人的责任。

贫贱时，眼中不著富贵，他日得志必不骄；富贵时，意中不忘贫贱，一旦退休必不怨。

【译文】　贫贱之时，眼中没有富贵，他日得志一定不会骄傲自满；富贵之时，心中不忘贫贱，即便失却富贵也不会心生怨恨。

贵人之前莫言贱，彼将谓我求其荐；富人之前莫言贫，彼将谓我求其怜。

【译文】　在有地位的人面前不要诉说自己的卑贱，否则他会认为在要求他推荐；在富裕的人面前不要说自己的贫困，否则他会认为在求他可怜。

小人专望人恩，恩过辄忘；君子不轻受人恩，受则必报。

【译文】　小人只期望他人的恩惠，但受恩后就会忘；君子则不轻易受人恩惠，若受恩于人，定会报答。

处众以和，贵有强毅不可夺之力；持己以正，贵有圆通不可拘之权①。

【注释】　①权：权变。

【译文】　以平和的态度与人相处，但贵在有刚强坚定不可改变的毅力；对待自己须刚正，但贵在有圆融通达而不拘泥的权变。

使人有面前之誉，不若使人无背后之毁；使人有乍处之欢[①]，不若使人无久处之厌。

【注释】　①乍处：刚开始相处。

【译文】　在人前称赞别人，不如在背后不要诋毁别人；给人带来刚开始相处时的欢乐，不如与人长久相往而不使对方厌恶。

媚若九尾狐[①]，巧如百舌鸟，哀哉羞此七尺之躯。暴同三足虎，毒比两头蛇，惜乎坏尔方寸之地[②]。

【注释】　①九尾狐：古代传说中的奇兽，在汉代曾被视为祥瑞。六朝以后将之与妲己联系起来，慢慢演化为妖媚的象征。

②方寸之地：内心，心地。

【译文】　妖媚如九尾狐，灵巧像百舌鸟，可悲啊，这使七尺之躯蒙羞。暴戾如三脚老虎，恶毒如两头蛇，可惜啊，这使你的心败坏。

到处伛偻[①]，笑伊首何仇于天[②]？何亲于地？终朝筹算，问尔心何轻于命？何重于财？

【注释】　①伛偻：腰背弯曲，这里指点头哈腰，卑躬屈膝。

②伊：他。首：头。

【译文】　到处卑躬屈膝，可笑你的头为什么有仇于天而又有亲于地？终日谋算筹划，试问你的心为什么轻视生命而看重钱财？

富儿因求宦倾赀[①]，污吏以黩货失职[②]。

【注释】 ①倾赀（zī）：倾家荡产。

②黩货：贪财，贪污受贿。

【译文】 富家子弟因谋求官位而倾家荡产，贪婪的官吏因贪污受贿而玩忽职守。

亲兄弟析箸[①]，璧合翻作瓜分。士大夫爱钱，书香化为铜臭。

【注释】 ①析箸：分家。箸，筷子。

【译文】 亲兄弟分家，本是合在一起的美玉，却像瓜一样被切开。士大夫爱钱，身上的书香之气全变为追逐钱财的铜臭味。

士大夫当为子孙造福，不当为子孙求福。谨家规，崇俭朴，教耕读，积阴德，此造福也。广田宅，结姻援，争什一[①]，鬻功名[②]，此求福也。造福者，淡而长；求福者，浓而短。

【注释】 ①什一：古代一种税制，十分税一，这里代指收租赋。

②鬻：卖。

【译文】 读书人要为子孙创造福祉，而不是为子孙祈求福祉。严谨家规，崇尚俭朴，教导耕田读书，累积阴德，这就是创造福祉。广积土地房屋，靠姻缘拉拢关系，收取租赋，买卖功名，这就是祈求福祉。创造福祉的，平淡而长久；祈求福祉的，浓郁却短暂。

士大夫当为此生惜名，不当为此生市名。敦诗书，尚气节，慎取与，谨威仪，此惜名也。竞标榜，邀权费，务矫激，习模棱，此市名也。惜名者，静而休；市名者，躁而拙。

【译文】　读书人要为自己的一生爱惜名誉，不应为这一生出卖名誉。督促读书，崇尚气节，谨慎取予，严肃仪表，这就是爱惜名誉。竞相标榜，攀附权贵，过于激切，不分是非，这就是出卖名誉。爱惜名誉的人清静无为，出卖名誉的人急躁而短浅。

士大夫当为一家用财，不当为一家伤财。济宗党，广束脩[①]，救荒歉，助义举，此用财也。靡苑囿[②]，教歌舞，奢燕会[③]，聚宝玩，此伤财也。用财者，损而盈；伤财者，满而覆。

【注释】　①束脩（xiū）：干肉。语出《论语·述而》：“自行束修以上，吾未尝无诲焉。”这里泛指教育费用。

②靡：奢靡。苑囿：园林。

③燕会：宴饮聚会。

【译文】　读书人要为自己的家庭善用钱财，而不是因为家用浪费金钱。救济乡亲，聘请老师教学，赈济荒年歉收，救济善行，这些是善用钱财。而建造奢靡的园林，沉迷歌舞，宴饮聚会，囤积宝物，这些都是浪费钱财。善用钱财的人，虽花钱但收获丰厚；浪费钱财的人，虽财富积聚但终将倾覆。

士大夫当为天下养身，不当为天下惜身。省嗜欲，减思虑，戒忿怒，节饮食，此养身也。规利害[①]，避劳怨，营窟宅，守妻子，此惜身也。养身者，啬而大[②]；惜身者，丰而细。

【注释】　①规：谋划，思虑。

②啬而大：啬，吝啬。这里指养身节欲的人，显得小气而实际上人品高尚。

【译文】　读书人要为天下修养身心，而不是为天下吝惜身躯。减少嗜好欲念，减除烦恼忧虑，戒除愤怒，节制饮食，这就是修养身心。谋划利害，规避辛劳哀怨，钻营住宅房舍，只守护妻子儿女，这就是吝惜身躯。修养身心的人，显得小气而实际上人品高尚；吝惜身躯的人，显得丰盈实则心胸狭隘。

本类简评

所谓敦品，顾名思义，就是要养成高尚的人品。敦，既有诚恳之意，亦有勉励、努力之意。其实，高尚品格的养成，不正是要诚恳地去践行人类社会的一切美德吗？但人品的养成，又绝非朝夕之功，需要付出漫长而艰辛的努力。它需要将外在的各种准则内化为个人举手投足间的从容自然，而不给人以丝毫矫揉造作之感。本篇格言多以对比的方式，将君子与小人的差别鲜明地展现给我们，高下立判，言之谆谆，令人过目难忘。《礼记·曲礼》说："博闻强识而让，敦善行而不怠，谓之君子。"可见，君子从来不是停留在纸面，也绝非口诵几句圣人之言，关键是要勉力去做。坐而论道、光说不做，都不是真君子。我们不光要志存高远，更要身体力行。"敦品"之意尽在此中！

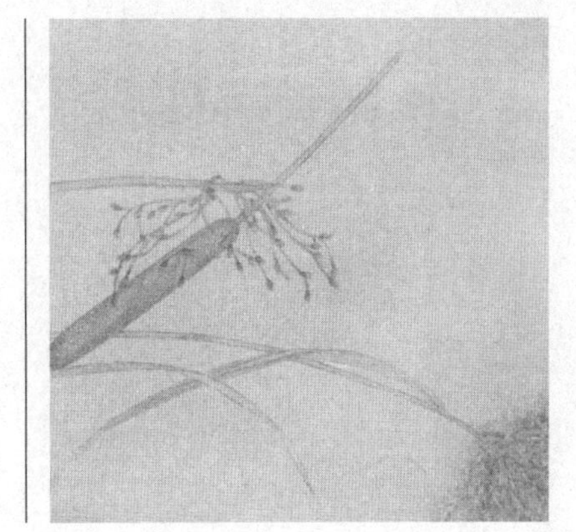

处事类

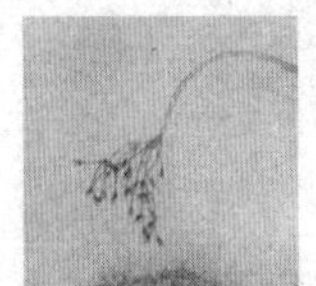

处难处之事愈宜宽[1]，处难处之人愈宜厚，处至急之事愈宜缓，处至大之事愈宜平[2]，处疑难之际愈宜无意[3]。

【注释】 ①愈：更加。

②平：平和，平稳。

③无意：没有倾向，不存成见。

【译文】 越是处理难处理的事越要心中舒缓；越是对待难以相处的人越需要内心宽厚；越是处置紧急的事情越需要从容不迫；越是处理至关重要的事情越需要镇定自如；越是处于艰难境地越要心胸坦然，不存成见。

无事时，常照管此心，兢兢然若有事[1]；有事时，却放下此心，坦坦然若无事。

无事如有事，提防才可弭意外之变[2]；有事如无事，镇定方可消局中之危。

【注释】 ①兢兢：小心谨慎。

②弭：消除。

【译文】 在平常没有事情的时候，也需要管好自己的心，慎独小心，就像处于有事情的状态；在有事情的时候，却要学会放下自己的心，泰然自得，就像处于没事的状态。

在没有事情的时候能像有事情的时候一样提防着，才可以处理好意想不到的变化；有了事情能像没有事情的时候一样镇定自如，才能消除事情带来的危机。

当平常之日，应小事宜以应大事之心应之。盖天理无小，即目前观之，便有一个邪正，不可忽慢苟简[1]，须审理之邪正以应之方可。

及变故之来，处大事宜以处小事之心处之。盖人事虽大，自天理观之，只有一个是非，不可惊惶失措，但凭理之是非以处之便得。

【注释】 ①苟简：苟且简略，草率简陋。

【译文】 在日常生活中，应对小的事情，应当用应对大事一样的慎重心态，因为道理不分大小，从人的角度来看，都有邪恶与正义之分，不能疏忽大意，敷衍应对，必须分清是非后采取不同的态度对待解决。

等到变故出现，处理大的事情，需要用像处理小事一样的平常心去处理。人世间的事情可能很大，但从性质来看，只有正确和错误的区别，不能惊慌失措，没了主意，只要根据性质是正确还是错误去处理就行了。

缓事宜急干，敏则有功；急事宜缓办，忙则多错。

【译文】 对待不急的事情，要快速解决，因为思想敏锐，往往能获得成功；对待很急切的事情，需要沉着冷静应对，因为急躁容易生乱，容易产生漏洞。

不自反者[1]，看不出一身病痛；不耐烦者，做不成一件事业。

【注释】 ①自反：反省自身。

【译文】 不能自己反省自己的人，看不出自己的毛病；不能忍受烦琐的人，也不能成就事业。

日日行，不怕千万里；常常做，不怕千万事。

【译文】 每天都往前走，即便是千万里路，也不会觉得远；经常动手去做，即便有千万件事，也不担心。

必有容，德乃大；必有忍，事乃济。

【译文】 必须先有宽容雅量，才能有高尚的品德；必须有坚韧之心，事情才能做成。

过去事，丢得一节是一节；现在事，了得一节是一节；未来事，省得一节是一节。

【译文】 已经过去的事情，能忘多少忘多少；现在正在做的事情，能做成一件是一件；未来的事情，能省一件是一件。

强不知以为知，此乃大愚；本无事而生事，是谓薄福。

【译文】 不懂装懂，这才是最大的愚蠢；本来无事，非要自寻烦恼，这就是没有福分了。

居处必先精勤，乃能闲暇；凡事务求停妥[①]，然后逍遥。

【注释】 ①停妥：停当，妥帖，恰到好处。

【译文】 日常生活必须先勤奋才能有闲暇；做事情一定要先处理得当才能逍遥无事。

天下最有受用，是一闲字，然闲字要从勤中得来；天下最讨便宜，是一勤字，然勤字要从闲中做出。

【译文】 人们最喜欢的是一个“闲”字，但是要闲适都是从勤奋中得来的；世上最平凡的是一个“勤”字，但勤奋却是从闲暇中做出来的。

自己做事，切须不可迂滞[①]，不可反复，不可琐碎；代人做事，极要耐得迂滞，耐得反复，耐得琐碎。

【注释】 ①迂滞：曲折，麻烦。

【译文】 自己做事一定不要拖泥带水，反复无常并且琐碎；替别人做事一定不能怕麻烦，不能怕反复和琐碎。

谋人事如己事，而后虑之也审[①]；谋己事如人事，而后见之也明。

【注释】　①审：详细，周密，谨慎。

【译文】　在为别人做事时就像在做自己的事情一样，这样才能思虑周全；在做自己的事情时要像做别人的事一样，这样旁人就能看清一切。

无心者公，无我者明。

【译文】　心中没有偏见才能公平处事，心中没有私心才能光明正大。

置其身于是非之外，而后可以折是非之中；置其身于利害之外，而后可以观利害之变。

【译文】　只有置身事外，才能客观地评判是非；只有置身利害之外才能看清利害的变化。

任事者，当置身利害之外；建言者，当设身利害之中。

无事时，戒一偷字[①]；有事时，戒一乱字。

【注释】　①偷：偷懒，偷闲。

【译文】　做事的人应该置身于利害之外；提建议的人，应当看清利害得失。

没有事情做的时候，要戒偷懒；有事情做的时候，要戒忙乱。

将事而能弭[1]，遇事而能救，既事而能挽，此之谓达权[2]，此之谓才；未事而知来，始事而要终，定事而知变，此之谓长虑，此之谓识。

【注释】 ①将事：尚未发生、即将发生的事情。

②达权：通达权变。

【译文】 能够避免将要发生的事情，遇到事情能够救场，事情发生后能挽回损失，这才叫有才干；知道将来的事情，做事有始有终，已经完成的事能知道其中的变化，这才是有见识，能深思熟虑。

提得起，放得下，算得到；做得完，看得破，撇得开。

【译文】 能拿得起，也能放得下，还能算得到；能做得完，也能看得破，还能撇得开。

救已败之事者，如驭临崖之马，休轻策一鞭[1]；图垂成之功者[2]，如挽上滩之舟，莫少停一棹[3]。

【注释】 ①策：用鞭打。

②垂成：将要成功。

③棹（zhào）：划船的工具。

【译文】 能挽救已经失败的事情的人，就像骑悬崖边的马，不能轻抽一鞭；即将成功的人，就像拉船上沙滩一样，不能少滑一桨。

以真实肝胆待人，事虽未必成功，日后人必见我之肝胆；以诈伪心肠处事，人即一时受惑，日后人必见我之心肠。

【译文】　用真心待人，事情虽然不能一定做成功，后来的人一定能知道我的真心；不用诚心为人处世，别人虽然一时受到迷惑，但事后别人总会看出你的虚伪狡诈。

天下无不可化之人，但恐诚心未至；天下无不可为之事，只怕立志不坚。

【译文】　天下没有不能教化的人，只是诚心不够罢了；天下没有干不成的事，就怕志向不够坚定。

处人不可任己意，要悉人之情；处事不可任己见，要悉事之理。

【译文】　与人相处，不能由着自己的性子来，要了解别人的情感；做事也不能固执己见，要明白事理。

见事贵乎明理，处事贵乎心公。

【译文】　看待事物贵在明白道理，处理事情贵在出于公心。

于天理汲汲者[①]，于人欲必淡；于私事耽耽者[②]，于公务必疏；于虚文熠熠者[③]，于本实必薄。

【注释】 ①汲汲：勤勉无休止地追求。

②耽耽：专注的样子。

③熠熠：鲜亮，显眼。

【译文】 那些追求天理的人，对人世的欲望必定很淡；那些忙于私事的人，对于公家的事必定也是疏于上心；那些喜欢虚饰外表的人，务实的观念也淡薄。

君子当事，则小人皆为君子，至此不为君子，真小人也。小人当事，则中人皆为小人，至此不为小人，真君子也。

【译文】 君子掌事的时候，连小人都能变成君子，这种环境下还不能成为君子的人那就是真小人了；小人掌事的时候，那一般人都沦为小人了，这种环境下，仍然不沦为小人的，那就是真君子了。

居官先厚民风，处事先求大体。

【译文】 当官从政，首先要使民风敦厚；行为处事，首先要抓住全局整体。

论人当节取其长，曲谅其短[①]；做事必先审其害，后计其利。

【注释】　①曲谅：掩饰谅解。

【译文】　评论一个人，应当充分肯定他的长处，宽容他的短处；做事情的时候应该先看清它的坏处，然后再衡量它的好处。

小人处事，于利合者为利，于利背者为害；君子处事，于义合者为利，于义背者为害。

【译文】　小人做事，跟自己私利相合就看作利，跟私利违背就看作害；君子做事，跟道义相合就是有利，和道义违背就是有害。

只人情世故熟了，甚么大事做不到？只天理人心合了，甚么好事做不成？只一事不留心，便有一事不得其理；只一物不留心，便有一物不得其所。

【译文】　只有对人情世故熟悉，才能做成大事；只有天理和人心吻合，才能办成好事；如果对某一件事情不留心，那么这件事情就可能得不到处理；如果某一物品不留心，那这件物品就得不到合理安排。

事到手，且莫急，便要缓缓想；想到时，切莫缓，便要急急行。

【译文】　对于手上紧急的事，千万不能急，要沉下心，周密考虑；对于已经考虑成熟的问题，不能延缓，要横下心，果决快速地解决。

事有机缘，不先不后，刚刚凑巧；命若蹭蹬[1]，走来走去，步步踏空。

【注释】 ①蹭蹬：坎坷困顿，艰难险阻。

【译文】 做事也讲究机缘巧合，不先不后，时机刚刚好的时候可以做成；如果时运不济，时机不对，最终只能一事无成。

本类简评

本篇名为“处事”，主要讲述人们在面临各种事务时应有的态度和应对方式。生活中，许多人常常会感慨做事容易做人难，其实，人在事中，事在人为，人与事无法分开。本篇选取的格言都是在告诫我们如何去面对各种问题，应当采取哪些方式去处理这些问题。俗语所说的“为人处世”，就是本篇的主题。生活中的我们，几乎每天都会遇到各种各样的事务，遇到各种情形，既有事关大局的大事、要事，也有关乎个人痛痒的琐事、小事，事无论大小，都要我们认真地去面对。所以，本篇核心之意，就是强调临事不乱，始终保持内心的镇定、平和，以正直、诚实之心对人对事，既不急于求成，又不懈怠粗心，做到有始有终，循序渐进。本篇许多格言，堪为座右铭，常读常新，是我们生活中非常重要的给养！

接物类

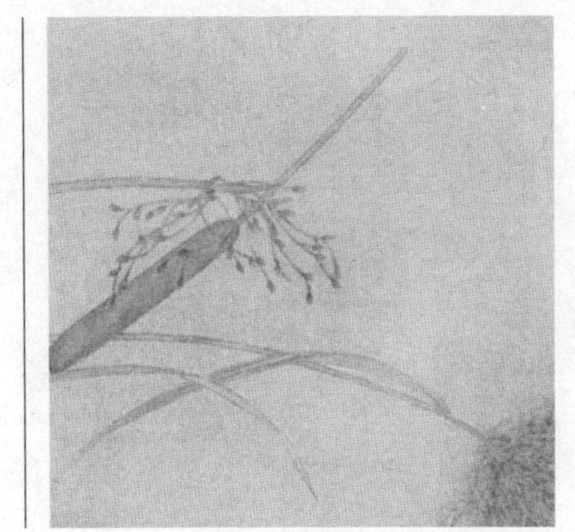

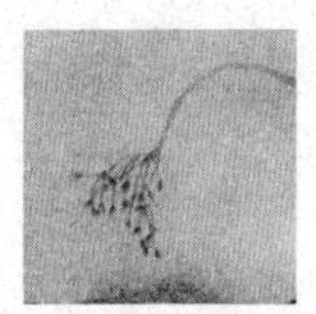

事属暧昧[①]，要思回护他，著不得一点攻讦的念头；人属寒微，要思矜礼他[②]，著不得一毫傲睨的气象[③]。

【注释】 ①暧昧：隐私，不便公之于众之事。

②矜礼：以礼相待。

③傲睨：不正眼看，傲慢瞧不起。罗隐《送宣武徐巡官》诗："傲睨公卿二十年，东来西去只悠然。"

【译文】 关乎他人隐私的事，要想着回避袒护，不应有一点揭发此事、借此攻击他人的想法；面对处于贫寒、家世低微的人，要想着以礼相待，不应有丝毫傲慢的态度。

凡一事而关人终身，纵确见实闻，不可著口；凡一语而伤我长厚[①]，虽闲谈酒谑[②]，慎勿形言。

【注释】 ①长厚：恭谨宽厚的品质。司马相如《喻巴蜀檄》："寡廉鲜耻，而俗不长厚也。"

②谑：玩笑。

【译文】 凡是影响一人终身的事，纵然确实看见、亲耳听闻，也不能说出来；凡是对我恭谨宽厚的品质有损的话语，虽然是随意谈话、酒后玩笑，也要谨慎不在言辞中表露出来。

严著此心以拒外诱，须如一团烈火，遇物即烧；宽著此心以待同群，须如一片阳春，无人不暖。

【译文】　严格保守本心以抵御外界的诱惑，应该像一团烈火，碰到外物便燃烧；宽厚本心以对待同伴，应当像一片融融的春天，使每一个人都感到温暖。

待己当从无过中求有过，非独进德，亦且免患；待人当于有过中求无过，非但存厚，亦且解怨。

【译文】　对待自己应当从看不出过错的行为中找寻不足之处，不仅可以提高个人品德，还可以免除灾患；对待他人应当在明显的过失中发现他人做得好的地方，不但可以保有个人的宽厚之心，也可以消解人与人之间的怨恨。

事后而议人得失，吹毛索垢，不肯丝毫放宽，试思己当其局，未必能效彼万一；旁观而论人短长，抉隐摘微①，不留些须余地，试思己受其毁，未必能安意顺承②。

【注释】　①抉隐摘微：对细微、隐秘、不严重的事情吹毛求疵。

②顺承：顺从承受。《周易》："彖曰：至哉坤元，万物资生，乃顺承天。"

【译文】　事情发生后议论他人得失，如吹开皮上的毛寻找污垢一样刻意挑剔，完全不肯放松宽容，应该试着想象若自己处于此种局面，所为不一定能达到他人的万分之一；在旁观察并讨论他人的好坏优劣，对细微、隐秘的事情吹毛求疵，不留一丝余地，应该试着想象若自己受此种诋毁，不一定能安心平和地顺从承受。

遇事只一味镇定从容，虽纷若乱丝，终当就绪；待人无半毫矫伪欺诈，纵狡如山鬼，亦自献诚。

【译文】 遇到事情只需一直保持镇定、从容应对，即使事情纷杂如混乱的丝线，最终都会安排妥当；对待他人没有丝毫虚伪欺骗，纵使对方是像山鬼一样狡猾的人，也自然会投诚相处。

公生明，诚生明，从容生明。

【译文】 公正、真诚、从容不迫都能使人明白事理。

人好刚，我以柔胜之；人用术，我以诚感之；人使气[①]，我以理屈之。

【注释】 ①使气：恣逞意气。《宋书·刘瑀传》："明年，迁御史中丞。瑀使气尚人，为宪司甚得志。"

【译文】 他人性情刚硬，我用温柔制服他；他人使用诡计，我以真诚感化他；他人恣逞意气，我以道理说服他。

柔能制刚，遇赤子而贲育失其勇[①]；讷能屈辩，逢喑者而仪秦拙于词[②]。

【注释】 ①赤子：刚出生的婴儿。贲育：战国时勇士孟贲和夏育的并称。《汉书·司马相如传》："臣闻物有同类而殊能者，故力称乌获，捷言庆忌，勇期贲育。"颜师古注："孟贲，古之勇士也，水行不避蛟龙，陆行不避豺狼，发怒吐气，声响动天。夏育，亦猛士也。"

②喑（yīn）者：不能说话的人。仪秦：战国时纵横家张仪与苏秦的并称，二人皆能言善辩。扬雄《法言·渊骞》：“乱而不解，子贡耻之；说而不富贵，仪秦耻之。”

【译文】　柔弱能战胜刚强，遇到初生的婴儿，孟贲和夏育也会失去刚勇；口讷能使善辩之人屈服，遇到不能说话的人，张仪与苏秦也会口拙词穷。

困天下之智者，不在智而在愚；穷天下之辩者，不在辩而在讷；伏天下之勇者，不在勇而在怯。

【译文】　使天下的智慧之人感到困惑的，不是聪明的人，而是愚笨的人；使天下的雄辩家词穷的，不是善辩的人，而是木讷寡言的人；使天下的勇士拜服的，不是勇武的人，而是怯懦的人。

以耐事了天下之多事[①]，以无心息天下之争心。

【注释】　①耐事：以忍让处事，善于隐忍。宋吴曾《能改斋漫录·事始二》：“唐娄师德，其弟守代州，辞之官，教之耐事。弟曰：‘人有唾面者，洁之乃已。’师德曰：‘未也，洁之是违其怒，正使其自干耳。’”

【译文】　用隐忍的心性，可以处理天下众多的麻烦事；用不争的心，平息天下相争的野心。

何以息谤？曰无辩。何以止怨？曰不争。

【译文】　用什么办法止息诽谤？不去强辩。用什么办法停止怨恨？不去争论。

人之谤我也，与其能辩，不如能容；人之侮我也，与其能防，不如能化[1]。

【注释】　①化：感化，化解。

【译文】　他人诽谤我，与其能与他辩解，不如能包容他；他人侮辱我，与其时刻提防，不如能够化解怨恨。

是非窝里，人用口，我用耳；热闹场中，人向前，我落后。

【译文】　在是非圈子里，他人用嘴说，我用耳听；在热闹场所中，他人争着向前，我则后退。

观世间极恶事，则一眚一慝[1]，尽可优容；念古来极冤人，则一毁一辱，何须计较。

【注释】　①眚：过错。慝：奸邪，邪恶。

【译文】　看到世间罪大恶极的事，则所受的一点错怪、一点攻击，都可以宽容；想到自古以来蒙受奇冤的人，则所遇的一点毁谤、一点侮辱，又有什么好计较的呢。

彼之理是，我之理非，我让之；彼之理非，我之理是，我容之。

【译文】 他人的道理正确，我的道理错误，我便忍让他；他人无理，我有理，我便宽容他。

能容小人是大人，能培薄德是厚德。

【译文】 能容忍小人的人是心胸宽大的人，能培养微小德行的人是厚德之人。

我不识何等为君子，但看每事肯吃亏的便是；我不识何等为小人，但看每事好便宜的便是。

【译文】 我不知道什么样的人算是君子，只看每件事情都愿意吃亏的人就是君子；我不知道什么样的人算是小人，只看每件事情都贪好便宜的人便是小人。

律身惟廉为宜，处世以退为尚[①]。

【注释】 ①尚：崇尚，推崇。

【译文】 约束自身以公正廉洁为适宜，为人处世以退让为高尚。

以仁义存心，以勤俭作家，以忍让接物。

【译文】　用仁爱正义保有本心，用勤劳节俭持家，用隐忍谦让交际。

径路窄处，留一步与人行；滋味浓底，减三分让人尝。

【译文】　小径道路窄的地方，应该留出一定距离让他人行走；口味浓重的食物，应该稍微减弱味道再让他人品尝。

任难任之事，要有力而无气；处难处之人，要有知而无言。

【译文】　处理难以处置的事务，要有力量而不生怨气；与难以相处的人交际，要心中有数而口中不说。

穷寇不可追也，遁辞不可攻也[①]，贫民不可威也。

【注释】　①遁辞：指理屈词穷或不愿吐露真意时，用来支吾搪塞的话。《孟子·公孙丑上》："邪辞知其所离，遁辞知其所穷。"攻：指责，深究。

【译文】　穷途末路的敌人不可以追赶，闪烁其词的话不可以深究，在贫苦的人面前不可耍威风。

祸莫大于不仇人，而有仇人之辞色；耻莫大于不恩人[1]，而作恩人之状态。

【注释】　①恩：此处作动词使用，施恩。

【译文】　最大的祸患莫过于与人无仇，却表现出如仇人一般的言辞神色；最大的羞耻莫过于未施恩与人，却作出恩人一般的形状姿态。

恩怕先益后损，威怕先松后紧。

【译文】　施恩怕的是先增益后减损，施威怕的是先宽松后严苛。

善用威者不轻怒，善用恩者不妄施。

【译文】　善于施威的人不轻易发怒，善于施恩的人不随意施恩。

宽厚者，毋使人有所恃；精明者，不使人有所容[1]。

【注释】　①容：隐藏，隐瞒。

【译文】　宽厚的人不要过于宽厚，使他人有所依恃、得寸进尺；精明的人不应过于精明，使他人无地自容。

事有知其当变而不得不因者[1]，善救之而已矣；人有知其当退而不得不用者，善驭之而已矣。

【注释】　①因：依从。

【译文】　有明知应该改变却不得不顺势而为的事情，事后妥善补救便好了；有明知应当辞退却不得不任用的人，好好地驾驭他就可以了。

轻信轻发，听言之大戒也；愈激愈厉[1]，责善之大戒也。

【注释】 ①厉：严格，严厉。

【译文】 轻易相信、轻率行动，是听他人讲话的最大禁忌；越发激烈、更加猛厉，是要求他人向善的最大忌讳。

处事须留余地，责善切戒尽言。

【译文】 处理事情应该留下回转的余地，劝人向善切忌把话说尽。

施在我有余之惠，则可以广德；留在人不尽之情，则可以全交[1]。

【注释】 ①全交：保全、维护友谊与交情。《礼记·曲礼上》："君子不尽人之欢，不竭人之忠，以全交也。"

【译文】 在我有余力的时候向他人施与恩惠，便可以广大我的德行；交往时给他人留下余地、保有界限，就可以保全、维护情谊。

古人爱人之意多，故人易于改过，而视我也常亲，我之教益易行；今人恶人之意多，故人甘于自弃，而视我也常仇，我之言必不入。

【译文】 古代的人对待他人多善意，因此他人容易知错就改，而对待我也常保有亲近之意，我的教导劝勉便易于推行；现在的人对待他人多恶意，因此他人甘心自暴自弃，常常将我视作仇敌，我的善言必然不能入耳。

喜闻人过，不若喜闻己过；乐道己善，何如乐道人善。

【译文】 喜欢听闻他人的过失，不如喜欢听他人说出自己的过失；乐于炫耀自己的优点，怎么比得上乐于赞扬他人的长处。

听其言必观其行，是取人之道；师其言不问其行，是取善之方。

【译文】 聆听他人的言行观点，并观察其行为，是选用人才的正确方法；师从、采用他人的言论，不考究他的行为举止，是得到好品质的正确做法。

论人之非，当原其心①，不可徒泥其迹②；取人之善，当据其迹③，不必深究其心。

【注释】 ①原：推求。

②泥：拘泥。

②迹：行迹，实际言行。

【译文】 论定他人的错处，应当推求他的心意，不可以只拘泥于他的行迹；肯定他人的善处，应该依据他的实际言行，不必深入推究他的用心。

小人亦有好处，不可恶其人并没其是；君子亦有过差，不可好其人并饰其非。

【译文】 小人也有好的方面，不可以因为厌恶他这个人就一并否定他正确的地方；君子也有过错、缺点，不可以因为推崇他这个人便一并遮掩他的错误。

小人固当远，然断不可显为仇敌；君子固当亲，然亦不可曲为附和。

【译文】 固然应该远离小人，但是一定不能公开将之视为仇敌；固然应该亲近君子，但是也不能曲意奉承、刻意附和。

待小人宜宽，防小人宜严。

【译文】 对待小人应当宽和，防范小人应该严密。

闻恶不可遽怒[①]，恐为谗夫泄忿；闻善不可就亲，恐引奸人进身。

【注释】 ①遽：匆忙，马上。

【译文】 听到丑恶的事不可以立刻发怒，恐怕会被爱进谗言的人利用来泄愤；听到好的事不可以立刻与其亲近，恐怕会招引奸诈之人借机靠近。

先去私心，而后可以治公事；先平已见，而后可以听人言。

【译文】 首先去除自己的私心，之后才能更好地处理公事；首先抑制自己的主见，之后才能更好地聆听他人的言论。

修己以清心为要，涉世以慎言为先。

【译文】 修养身心要将使自己的内心清正当作重要的事，进入社会要将言语谨慎当作首要的事。

恶莫大于纵已之欲，祸莫大于言人之非。

【译文】 恶事莫过于放纵自己的欲望，祸患莫过于谈论他人的错处。

人生惟酒色机关[①]，须百炼此身成铁汉；世上有是非门户，要三缄其口学金人[②]。

【注释】 ①机关：陷阱。

②金人：典出刘向《说苑·敬慎篇》“孔子之周，观于太庙。左陛之前，有金人焉。三缄其口，而名其背曰”云云。故事意在告诫人们慎言。

【译文】 人生路上遍布酒色陷阱，必须百般修行自己的身心才能成为经得住诱惑的铁汉；世界上充满是非纠纷，要像嘴上贴了三张封条那样说话谨慎，向太庙前的金人学习。

工于论人者，察己常阔疏[①]；狃于讦直者[②]，发言多弊病。

【注释】 ①阔疏：粗疏，不严密。

②狃（niǔ）：习惯，习以为常。讦直：亢直敢言，无所避忌。语出《论语·阳货》："恶讦以为直者。"

【译文】 擅长议论他人的人，审视自己则经常粗疏、宽松；习惯直言无忌的人，说出的话大多有错误、弊端。

人情每见一人，始以为可亲，久而厌生，又以为可恶，非明于理而复体之以情，未有不割席者[①]；人情每处一境，始以为甚乐，久而厌生，又以为甚苦，非平其心而复济之以养，未有不思迁者。

【注释】 ①割席：古人席地而坐，割开席子，指朋友之间断交。典出刘义庆《世说新语·德行》："管宁、华歆……又尝同席读书，有乘轩冕过门者，宁读如故，歆废书出看。宁割席分坐曰：'子非吾友也。'"

【译文】 人之常情便是：每次遇见一人，刚开始感到十分亲近，时间久了就产生厌倦，又觉得对方可恶，如果不洞明事理、用心重新体察，没有人不割席断交；人之常情就是：每新到一处境地，刚开始认为十分有乐趣，时间久了便产生厌倦，又认为十分艰苦，如果不平和心态、重新修养身心，没有人不考虑迁移到别处。

观富贵人，当观其气概，如温厚和平者，则其荣必久，而其后必昌；观贫贱人，当观其度量，如宽宏坦荡者，则其福必臻[①]，而其家必裕。

【注释】 ①臻：到。

【译文】 观察富贵的人，应该看他的气度，如果性情温和宽厚，则他的荣华必然长久，他的后人必然昌盛；观察贫贱的人，应该看他的度量，如果性情坦荡、心胸开阔，则他的福气必将到来，他的家境必将富裕起来。

宽厚之人，吾师以养量；缜密之人，吾师以炼识；慈惠之人，吾师以御下；俭约之人，吾师以居家；明通之人，吾师以生慧；质朴之人，吾师以藏拙；才智之人，吾师以应变；缄默之人，吾师以存神；谦恭善下之人，吾师以亲师友；博学强识之人，吾师以广见闻。

【译文】 宽厚的人，我向他学习修养气度；缜密的人，我向他学习精炼见识；慈善多恩的人，我向他学习领导下属；勤俭节约的人，我向他学习持家之道；明理通达的人，我向他学习获得智慧；朴实无华的人，我向他学习深藏不露；有才智的人，我向他学习随机应变；沉默少言的人，我向他学习存养精神；谦虚恭敬、善待下属的人，我向他学习亲近师友；博识强记的人，我向他学习增长见识。

居视其所亲[①]，富视其所与，达视其所举[②]，穷视其所不为，贫视其所不取。

【注释】 ①居：平时。

②举：举荐，推荐。

【译文】 居家时看他所亲近的人，富有时看他所施与的人，显达时看他所举荐的人，困窘时看他所不做的事情，贫困时看他所不取的事物。

取人之直，恕其戆[①]；取人之朴，恕其愚；取人之介[②]，恕其隘[③]；取人之敬，恕其疏；取人之辩，恕其肆；取人之信，恕其拘[④]。

【注释】 ①戆：鲁莽，刚直。

②介：形容人耿介，有骨气。

③隘：狭隘。

④拘：拘泥，拘谨。

【译文】 看重某人的直率，就要宽容他的鲁莽；看重某人的朴实，就要宽容他的愚昧；看重某人的骨气，就要宽容他的狭隘；看重某人的恭敬，就要宽容他的疏忽；看重某人的善辩，就要宽容他的放肆；看重某人的诚实，就要宽容他的拘泥。

遇刚鲠人[①]，须耐他戾气；遇骏逸人，须耐他妄气；遇朴厚人，须耐他滞气；遇佻达人[②]，须耐他浮气。

【注释】 ①刚鲠：刚强正直。

②佻（tiāo）达：轻薄放荡，轻浮，轻佻。刘元卿《贤奕编·闲钞下》：“今富贵家佻达子弟，乃有以纻丝绫缎为裤者，其暴殄过分，亦已

甚矣。”

【译文】　遇到刚强正直的人，要忍耐他的暴戾之气；遇到俊逸洒脱的人，要忍耐他的狂妄之气；遇到质朴宽厚的人，要忍耐他的呆滞之气；遇到佻随放达的人，要忍耐他的浮躁之气。

人褊急[①]，我受之以宽宏；人险仄[②]，我平之以坦荡。

【注释】　①褊急：气量狭小，性情急躁。《诗·魏风·葛屦序》：“魏地狭隘，其民机巧趋利，其君俭啬褊急。”孔颖达疏：“褊急，言性躁。”

②险仄：奸邪阴险。

【译文】　他人小气急躁，我用宽宏大度来接受他；他人奸邪阴险，我以坦荡胸怀来应对。

奸人诈而好名，他行事有确似君子处；迂人执而不化[①]，其决裂有甚于小人时。

【注释】　①执而不化：固执己见，不知变通。《庄子·人世间》：“将执而不化，外合而内不訾，其庸讵可乎？”

【译文】　奸邪的人狡诈而追求虚名，其行为处事确实有像君子的地方；迂腐的人固执己见，其与人决裂的行为有比小人还要过分的时候。

持身不可太皎洁，一切污辱垢秽，要茹纳得[①]；处世不可太分明，一切贤愚好丑，要包容得。

【注释】　①茹纳：容纳，包容，容忍。

【译文】　修身不能太过清白，要能容忍各种的侮辱诟病；处事不可以太过清楚较真，要能包容所有的贤愚善恶。

宇宙之大，何物不有？使择物而取之，安得别立宇宙，置此所舍之物？人心之广，何人不容？使择人而好之，安有别个人心，复容所恶之人？

【译文】　世界这么大，什么东西没有？假使只挑选一部分事物保留，哪里能设置另一个宇宙放置这些所舍弃的东西？人的心如此宽广，什么样的人不被包容？假使挑选一些人喜欢，哪里能有另一个人心来容纳这些所厌恶的人呢？

德盛者，其心和平，见人皆可取，故口中所许可者多；德薄者，其心刻傲，见人皆可憎，故目中所鄙弃者众。

【译文】　品德高尚的人，他的心性温和平静，见到的每个人都能发现可取之处，因此言语中所称许、认可的人很多；品德低劣的人，他的心性苛刻骄傲，见到的每个人都能找到可憎恶的地方，因此眼中所鄙夷的人众多。

律己宜带秋气①，处世须带春风。

【注释】　①秋气：秋日凄清、肃杀之气。唐卢纶《逢病军人》：

“蓬鬓哀吟古城下，不堪秋气入金疮。”此处指严于律己。

【译文】 约束自己应该带有秋日肃杀之气，严格谨慎；为人处世应该带有春天柔和之风，温和宽厚。

善处身者，必善处世，不善处世，贼身者也；善处世者，必严修身，不严修身，媚世者也。

【译文】 善于修养自身的人，必定善于待人处事，不善于待人处事的人，一定是损害自身修养的人；善于待人处事的人，必定严于修养身心，不严于修身的人，一定是求悦于当世的人。

爱人而人不爱，敬人而人不敬，君子必自反也；爱人而人即爱，敬人而人即敬，君子益加谨也。

【译文】 爱重他人却不被他人爱重，尊敬他人却不被他人尊敬，遇到这样的情况，君子一定会自我反省；爱重他人也被他人爱重，尊敬他人也被他人尊敬，遇到这样的情形，君子会更加谨慎自己的言行。

人若近贤良，譬如纸一张，以纸包兰麝[①]，因香而得香；人若近邪友，譬如一枝柳，以柳贯鱼鳖，因臭而得臭。

【注释】 ①兰麝：指名贵的香料。《晋书·石崇传》：“崇尽出其婢妾数十人以示之，皆蕴兰麝，被罗縠。”

【译文】 人如果接近贤良之人，就如一张纸，用纸包裹兰麝，纸也会因为兰麝的香气而获得香味；人如果靠近奸邪的朋友，就如同一根柳枝，用柳枝串鱼和鳖，柳枝也会因为鱼、鳖的腥臭变得难闻。

人未已知，不可急求其知；人未己合，不可急与之合。

【译文】　他人未能了解自己，不可以急于让其了解；他人的意见与自己不合，不可以急于与他统一意见。

落落者难合[1]，一合便不可离；欣欣者易亲，乍亲忽然成怒。

【注释】　①落落：孤独，不合群。李纲《辞免尚书右仆射第一表》："志广材疏，自笑落落而难合。"

【译文】　不合群的人难以交往，一交往便不可分离；性情欢快的人易于亲近，但贸然亲近也会突然结下仇怨。

能媚我者，必能害我，宜加意防之；肯规予者[1]，必肯助予，宜倾心听之。

【注释】　①规：规劝。

【译文】　能逢迎我的人，必然也能陷害我，应该注意防范他；愿意规劝我的人，一定也愿意帮助我，应该诚心聆听他的话。

出一个大伤元气进士，不如出一个能积阴德平民；交一个读破万卷邪士，不如交一个不识一字端人[①]。

【注释】 ①端人：品行端正之人。《孟子·离娄下》：“夫尹公之他，端人也，其取友必端矣。”赵岐注：“端人，用心不邪僻。”

【译文】 培养一个大肆伤害世人元气的进士，不如培养一个能够积攒阴德的平民百姓；结交一个精读万卷的邪恶之人，不如结交一个不认识一个字的品行端正的人。

无事时，埋藏著许多小人；多事时，识破了许多君子。

【译文】 平安无事时，身边隐匿着许多小人无法看出来；多事之秋，便可识破许多所谓君子的伪装。

一种人难悦亦难事，只是度量褊狭，不失为君子；一种人易事亦易悦，只是贪污软弱，不免为小人。

【译文】 有一种人难以取悦也难以相处，只是他们气量狭小，但也算得上是君子；有一种人易于相处也容易取悦，只是他们贪婪懦弱，不免是小人。

大恶多从柔处伏，慎防绵里之针；深仇常自爱中来，宜防刀头之蜜。

【译文】 巨大的恶意多半潜伏在柔软的地方，要如防备丝绵中的针一样谨慎提防；深仇大恨经常从爱意中产生，要像对待刀口的蜂蜜一样小心防范。

惠我者小恩，携我为善者大恩；害我者小仇，引我为不善者大仇。

【译文】 给我恩惠的是小的恩德，引导我从善的才是大的恩情；伤害我的是小的仇怨，引诱我做恶事的是大的仇恨。

毋受小人私恩，受则恩不可酬[①]；毋犯士夫公怒[②]，犯则怒不可救。

【注释】 ①酬：酬谢，回报。

②士夫：士大夫，读书人。王符《潜夫论·交际》："夫处卑下之位，怀《北门》之殷忧，内见谪于妻子，外蒙讥于士夫。"汪继培笺："士夫，谓士大夫。"

【译文】 不要接受小人的私人恩惠，一旦接受就无法回报；不要触发读书人的众怒，一旦触犯就难以挽救。

喜时说尽知心，到失欢须防发泄[①]；恼时说尽伤心，恐再好自觉羞惭。

【注释】 ①失欢：失去他人欢心，失和。《旧五代史》："因责延广曰：'致南北失欢，良由尔也。'"

【译文】 高兴的时候对对方说尽知心话，到失意时就需要防范对方将所说的话泄露出去；生气时对对方说尽令人伤心的话，恐怕再和好的时候自己都觉得羞恼惭愧。

盛喜中勿许人物，盛怒中勿答人言。

【译文】 在极度喜悦的状态下不要轻易对他人许诺，在非常愤怒的情绪中不要回答他人的言语。

顽石之中，良玉隐焉；寒灰之中，星火寓焉。

【译文】 顽劣的石头中隐匿着美玉；冷却的灰烬中埋藏着火星。

静坐常思己过，闲谈莫论人非。

【译文】 安静独坐时常常反省自己的过错，与人闲谈时不要谈论他人的缺点。

对痴人莫说梦话，防所误也；见短人莫说矮话，避所忌也。

【译文】 对呆傻的人不要说脱离实际的虚话，以免他产生误会；遇见身材矮小的人不要谈论低矮相关的话题，以避开他的忌讳。

面谀之词[①]，有识者未必悦心；背后之议，受憾者常至刻骨[②]。

【注释】 ①面谀：当面恭维。《孟子·告子下》：“与谗谄面谀之人居，国欲治，可得乎？”

②憾：恨，此处指被议论的对象。

【译文】 当面恭维的说辞，有见识的人听了不一定会发自内心愉悦；背后议论他人的话，被议论的人知晓后常会记恨入骨。

攻人之恶毋太严，要思其堪受；教人以善毋过高，当使其可从。

【译文】 责备他人的过错、缺点时，不要太过严厉，要考虑到对方是否能够接受；教诲他人向善的时候，不应要求过高，要顾及对方是否能够施行。

互乡童子则进之[①]，开其善也；阙党童子则抑之，勉其学也[②]。

【注释】 ①互乡：春秋时期鲁国境内有名的民风恶俗之地，后泛指风俗不良之地。《论语·述而》：“互乡难与言，童子见，门人惑。子曰：‘与其进也，不与其退也，唯何甚！人洁己以进，与其洁也，不保其往也。’”

②阙党：孔子所居之地，指风俗淳朴之地。《论语·宪问》：“阙党童子将命。”刘宝楠《正义》：“阙党是孔子所居。”

【译文】 对于来自互乡一类风俗不良之地的孩子，应该激励他们，引导他们积极向善；对于来自阙党一类风俗淳朴之地的孩子，应该抑制他们，劝勉他们努力向学。

不可无不可，一世之识；不可有不可，一人之心。

【译文】　不苛求所有事都必然可行、顺意，这是一辈子经历所得到的见识；不承认有无法做到的事情，这是一个人的雄心壮志。

事有急之不白者，缓之或自明，毋急躁以速其戾；人有操之不从者[①]，纵之或自化[②]，毋操切以益其顽。

【注释】　①操：操纵，强迫。

②化：开解。

【译文】　有急切之下无法明白的事情，平缓之后就可能自然地懂得；有不听从自己指挥的人，不拘束他或许他自己就能自然地开解，不要迫切地控制他，以免使其更为顽劣。

遇矜才者，毋以才相矜，但以愚敌其才，便可压倒；遇炫奇者，毋以奇相炫，但以常敌其奇，便可破除。

【译文】　遇到自恃有才华的人，不要与他争着夸耀才华，只要用敦厚的方法与他的才华抗衡，便能够压制他；遇到喜欢炫耀奇异之处的人，不要与他争着展示奇异，只要用普通的事物与他的奇异之处抗衡，便可以消除他的炫耀之心。

直道事人，虚衷御物[①]。

【注释】 ①虚衷：心胸开阔，心无成见。

【译文】 用坦诚无私的心对待他人，用坦荡谦虚的心驾驭万物。

岂能尽如人意，但求不愧我心。

【译文】 世间的事怎么可能件件都符合人的心意，只要能无愧于自己的心便可以。

不近人情，举足尽是危机；不体物情，一生俱成梦境。

【译文】 不通晓人情世故，举手投足都会产生危机；不体悟事物的道理，度过的一生都只是梦境。

己性不可任，当用逆法制之，其道在一忍字；人性不可拂，当用顺法调之，其道在一恕字。

【译文】 不可以放任自己的心性，应该用逆反的方法克制它，这种方法的关键之处就在于忍耐；不可以违逆人的本性，应该用顺应的方法与之调和，这种方法的关键之处在于宽恕。

仇莫深于不体人之私，而又苦之；祸莫大于不讳人之短[1]，而又讦之。

【注释】　①讳：避讳，避忌。

【译文】　没有比不体谅他人的隐私、并利用他的隐私挖苦他更深远的仇恨了；没有比不避讳他人的缺陷、还针对其缺陷攻讦他更严重的祸患了。

辱人以不堪必反辱，伤人以已甚必反伤[1]。

【注释】　①已甚：过分。

【译文】　用使人不堪忍受的手段侮辱他人的人，一定会反被侮辱；用过激的方法伤害他人的人，一定会反受伤害。

处富贵之时，要知贫贱的痛痒；值少壮之日，须念衰老的辛酸；入安乐之场，当体患难人景况；居旁观之地，务悉局内人苦心[1]。

【注释】　①局内人：当事者。

【译文】　处于富裕显贵的境况时，要知道贫穷卑贱之人的痛苦；正值年少力壮的年纪，要顾念衰弱年老的人的心酸；进入平安快乐的阶段，应该体谅经受苦难之人的情况；站在旁观者的角度，务必洞悉当事人的苦衷。

临事须替别人想，论人先将自己想。

【译文】　遇到事情要替他人着想，议论他人要先考虑自己做得如何。

欲胜人者先自胜，欲论人者先自论，欲知人者先自知。

【译文】　想要战胜他人的人要先战胜自己，想要评论他人的人要先评价自己，想要了解他人的人要先了解自己。

待人三自反[1]，处世两如何。

【注释】　①自反：反省自身，反求诸己。

【译文】　与人相处要多次反省自身，应付世情要反复思量。

待富贵人，不难有礼而难有体[1]；待贫贱人，不难有恩而难有礼。

【注释】　①体：得体，不卑不亢。

【译文】　对待富裕显贵之人，不难做到有礼节，但难做到有分寸；对待贫困卑微的人，不难做到给予帮助，但难做到有礼节。

对愁人勿乐，对哭人勿笑，对失意人勿矜[1]。

【注释】　①矜：骄矜，自大，自夸。

【译文】　面对忧愁的人不要表露出快乐的样子，面对痛哭的人不要展现欢笑的表情，面对失意的人不要做出夸耀自己的言行。

见人背语[①]，勿倾耳窃听；入人私室，勿侧目旁观；到人案头，勿信手乱翻。

【注释】 ①背语：指隐秘地说话。

【译文】 看到别人在窃窃私语，不要侧耳偷听；进入他人的私人房间，不要左顾右盼；靠近他人的书案，不要随手乱翻。

不蹈无人之室[①]，不入有事之门，不处藏物之所。

【注释】 ①蹈：进入，踏入。

【译文】 不进入没有人的房间，不到有是非的场所，不待在储藏物品的地方。

俗语近于市，纤语近于娼[①]，诨语近于优[②]。

【注释】 ①纤语：挑逗、轻薄的语言。

②优：优伶，演戏的人。

【译文】 俚俗的语言像是市井之人的话，妩媚纤弱的言语像是娼妓们的话，打诨可笑的话像是优伶们的话。

闻君子议论，如啜苦茗[①]，森严之后，甘芳溢颊；闻小人谄笑，如嚼糖霜，爽美之后，寒冱凝胸[②]。

【注释】 ①茗：茶。

②冱（hù）：冻结。

【译文】 听君子评议人事，就像是喝苦茶，苦涩严肃之后，满嘴都是香甜滋味；听小人谄媚玩笑，就像吃糖霜，爽利甜美之后，寒冷之气凝结在胸中。

凡为外所胜者，皆内不足；凡为邪所夺者，皆正不足。

【译文】　凡是被外物战胜的人，都是内在修养不足；凡是被奸邪改变的人，都是自身正气不足。

存乎天者[①]，于我无与也[②]，穷通得丧，吾听之而已；存乎我者，于人无与也，毁誉是非，吾置之而已。

【注释】　①存：决定。

②与：干涉，参与。

【译文】　由上天所决定的事，我无法干涉，穷困或显达、获得或失去，我听从命运便是了；由我自己决定的事，他人无法参与，毁谤或赞誉、正确或错误，将他人的意见放置一边便可以了。

小人乐闻君子之过，君子耻闻小人之恶。

【译文】　小人乐于听到君子的过失，君子耻于听到小人的恶行。

慕人善者，勿问其所以善，恐拟议之念生，而效法之念微矣；济人穷者，勿问其所以穷，恐憎恶之心生，而恻隐之心泯矣。

【译文】 仰慕他人的善行，不要询问他行善的原因，以防会产生对他的怀疑，而消减了向他学习的想法；接济他人的穷困，不要追问他穷困的原因，以免对他产生憎恶，而失去了对他的同情之心。

时穷势蹙之人[①]，当原其初心；功成名立之士，当观其末路。

【注释】 ①蹙：紧迫，狼狈。

【译文】 对时运不济、现势狼狈的人，应该探求他最初的想法；对功成名就的人，应该看他最终的结局。

踪多历乱[①]，定有必不得已之私；言到支离[②]，才是无可奈何之处。

【注释】 ①踪多历乱：有复杂坎坷的经历。

②支离：说话含混不清，支支吾吾，吞吞吐吐。《梁书·吴均传》："先是，均表求撰《齐春秋》，书成奏之。高祖以其书不实，使中书舍人刘之遴诘问数条，竟支离无对。敕付省焚之。"

【译文】 四处奔波、经历复杂的人，一定有迫不得已的隐情；话说到含混支吾的时候，正是说到了无可奈何的地方。

惠不在大，在乎当厄；怨不在多，在乎伤心。

【译文】 给予别人恩惠不在于大小，而在于是否在他人处于困境、需要帮助的时候施与；结下仇怨不在于伤害他人的次数多少，而在于是否伤害了对方的心。

毋以小嫌疏至戚[1]，毋以新怨忘旧恩。

【注释】 ①至戚：最亲近的亲属。

【译文】 不要因为微小的嫌隙就疏远了至亲，不要因为新发生的过节就忘记了旧日的恩情。

两惠无不释之怨，两求无不合之交，两怒无不成之祸。

【译文】 双方都互相帮助，就没有不能释怀的怨恨；双方都有心经营，就没有不相合的交情；双方都十分愤怒，就没有不会酿成的祸患。

古之名望相近则相得[1]，今之名望相近则相妒。

【注释】 ①名望：声望威信。

【译文】 古时候人们的名声威望相近便可以相互投合，现在的人名声威望相近便互相妒忌。

本类简评

“处事”重点讲做事时的态度、原则和方法，本篇讲“接物”，再重点在讲如何与他人相处，如何做人。司马迁在《报任安书》中写道：“教以慎于接物，推贤士为务。”接物，就是如何对待他人，如何与别人相处。“世事洞明皆学问，人情练达即文章。”待人接物，人情世故，是每个人在现实生活中无法回避的问题。本章即旨在教导人们如何为人处世、待人接物。首先，在与人交往的过程中，君子应当谨言慎行，切勿道人短长，谨记祸从口出。其次，在待人接物中，人与人之间难免会产生争执，龃龉之事常常出现。面对分歧，一味地强硬以对，往往会导致两败俱伤，本篇许多格言都在劝谏我们，应以柔克刚，多退让，多反省自我。所谓“面对强硬，则以柔克之；面对使气，则以理服之；面对诽谤，则以静弭之；面对小人，则以德容之”。总之，接物就是要培养一个人宽厚、包容的品格。君子对自己严格要求，时时砥砺自身之品格，才能取得更大的成就，也能够使人信服。除此之外，本章还指出了许多为人处事中应当遵守的原则：遇事应镇定从容，吃亏是福，处事须为己、为人留有余地，虚心好学，己所不欲勿施于人，等等。为人处事的确是一门博大精深的学问，我们即使穷尽一生也可能无法做到尽善尽美，但只要做到万事反诸心、求诸己，只要做到无愧于心，便是做到了忠恕，也就可以称得上君子。身处今日，当然不可能完全按照本篇的格言去待人接物。世殊事异，没有永远的准则，但有永远的努力！怀着敬意与宽容，与他人和睦相处，从容生活，是所有时代人们的永恒追求！

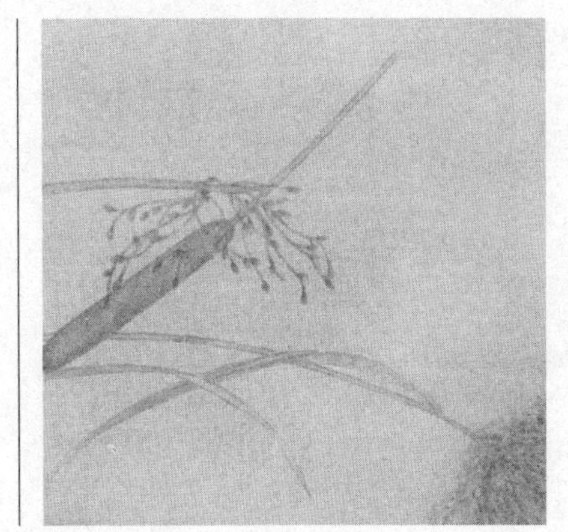

齐家类

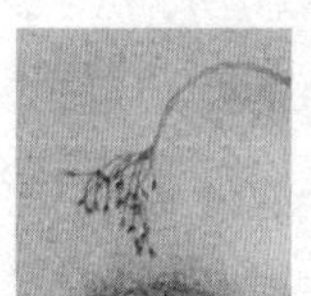

勤俭，治家之本。和顺，齐家之本[①]。谨慎，保家之本。诗书，起家之本[②]。忠孝，传家之本。

【注释】 ①齐家：即整顿、协调家庭成员之间的关系，使得家族和睦划一，故称“齐家”。

②起家：家族兴旺。

【译文】 勤劳节俭，是管理家事的根本。和谐安顺，是整顿家族的根本。谨言慎行，是保守家业的根本。诗书文章，是家族兴旺的根本。忠诚孝顺，是家族传续的根本。

天下无不是底父母，世间最难得者兄弟。

【译文】 天底下没有不对的父母，世界上最难得的是拥有兄弟同胞。

以父母之心为心，天下无不友之兄弟；以祖宗之心为心，天下无不知之族人；以天地之心为心，天下不无爱之民物。

【译文】 用父母一般的慈爱之心对待兄弟，天下就没有不和谐相处的兄弟；用祖先一样的仁爱之心对待族人，天下就没有互相不了解的族人；用与天地相同的博爱之心对待事物，天下就没有不值得用爱心对待的人与物。

人君以天地之心为心，人子以父母之心为心，天下无不一之心矣；臣工以朝廷之事为事，奴仆以家主之事为事，天下无不一之事矣。

【译文】 君主的心如天地对待万物的博爱之心一样，子女的心像父母对待孩子的慈爱之心一样，天下就没有不一样、相矛盾的心了；臣子将朝廷的事当作自己的事，奴仆把主人的事当作自己的事，天下就没有不一致的事了。

孝莫辞劳，转眼便为人父母；善毋望报，回头但看尔儿孙。

【译文】 孝顺父母不要躲避辛劳，转眼之间自己也成为孩子的父母；行善不要指望回报，只要回头看看自己的儿孙后代，就发现已有回报。

子之孝，不如率妇以为孝，妇能养亲者也。公姑得一孝妇，胜如得一孝子①。

妇之孝，不如导孙以为孝，孙能娱亲者也。祖父得一孝孙，又增一辈孝子。

【注释】 ①胜如：胜过。

【译文】 儿子孝顺，不如带领媳妇一同孝敬父母，媳妇能奉养双亲。公婆得到一个孝敬的媳妇，胜过得到一个孝顺的儿子。

媳妇孝顺，不如教导孙子孝敬长辈，孙子可以使长辈更加愉快。祖父母得到一个孝顺的孙子，便又增添了一辈孝顺的后代。

父母所欲为者，我继述之[1]；父母所重念者，我亲厚之。

【注释】 ①继述：继承，遵循。

【译文】 父母想要做的事情，我继承他们的愿望继续完成；父母特别惦念的人，我也亲近厚待他。

婚而论财，究也夫妇之道丧。葬而求福[1]，究也父子之恩绝。

【注释】 ①福：保佑，这里指风水好的墓地。

【译文】 结婚时讲求财产彩礼，夫妇之间的正确之道终究会丧失。去世埋葬时谋求风水好的墓地，父子间的恩情终究会断绝。

君子有终身之丧，忌日是也；君子有百世之养，邱墓是也[1]。

【注释】 ①邱墓：坟墓。

【译文】 君子有一辈子都要服丧的日子，那就是祖辈的忌日；君子有世代都要供奉的地方，那便是祖先的坟墓。

兄弟一块肉，妇人是刀锥；兄弟一釜羹[1]，妇人是盐梅。

【注释】 ①釜：锅。

【译文】 兄弟如同一块整肉，妻子是使其分离的刀具和尖锥；兄弟好似一锅汤，妻子是调味的盐和梅子。

兄弟和，其中自乐；子孙贤，此外何求。

【译文】 兄弟和睦，心中自有快乐；子孙贤良，这之外还有什么奢求呢？

心术不可得罪于天地，言行要留好样与儿孙。

【译文】 心计不可以冒犯天地良心，言行举止要给子孙做好榜样。

现在之福，积自祖宗者，不可不惜；将来之福，贻于子孙者，不可不培。现在之福如点灯，随点则随竭；将来之福如添油，愈添则愈明。

【译文】 现在所拥有的福泽，是从祖宗辈积累下来的，不可以不珍惜；将来的福泽，是要留给子孙辈的，不可以不培养。现在的福泽如同点亮油灯，一边点亮便一边消耗灯油；将来的福泽如同增添灯油，越添加，灯光便越明亮。

问祖宗之泽，吾享者是，当念积累之难；问子孙之福，吾贻者是，要思倾覆之易。

【译文】 若问祖宗的福泽在何处，我现在所享受的便是，应该感念福泽积累的艰难；若问子孙的福泽在哪里，我所留下的就是，要想着易于用尽。

要知前世因，今生受者是，吾谓昨日以前，尔祖尔父，皆前世也。要知后世因，今生作者是，吾谓今日以后，尔子尔孙，皆后世也。

【译文】 要知道前世的因是什么，今生你所遭受的便是，我将昨天之前，你的祖父、你的父亲都成为前世。要知道后世的因是什么，今生所作的便是，我将今天以后你的子孙都称作后世。

祖宗富贵，自诗书中来，子孙享富贵，则弃诗书矣。祖宗家业，自勤俭中来，子孙享家业，则忘勤俭矣。

【译文】 祖宗的财富显贵都是通过苦读诗书获得的，子孙辈享受富贵却舍弃了读书学习。祖宗的家业都是通过勤劳节俭积攒的，子孙辈享用家业却忘记了要勤俭。

近处不能感动，未有能及远者。小处不能调理，未有能治大者。亲者不能联属[①]，未有能格疏者。一家生理不能全备[②]，未有能安养百姓者。一家子弟不率规矩，未有能教诲他人者。

【注释】 ①联属：关系亲近。

②生理：生计。

【译文】　如果不能感动周围的人，便不可能教化远处的人。如果小事都不能处理妥当，便不可能成为治理大事的人。如果亲属都不能联系紧密，便不可能是匡正疏远关系的人。如果自己一家的生计都无法照料，便不可能是能安抚养育百姓的人。如果自己家的子弟都不能率领其遵守规矩，便不可能是能教导他人的人。

至乐无如读书，至要莫如教子。

【译文】　没有比读书更快乐的事，没有比教育孩子更重要的事。

子弟有才，制其爱，毋弛其诲，故不以骄败；子弟不肖，严其诲，毋薄其爱，故不以怨离。

【译文】　对于有才能的子弟，要压抑对其的偏爱，不要放松对他的教导，才能使他不因为骄傲而失败；对于不成材的子弟，要加强对他们的教诲，不要减少对他们的关爱，才能使他们不因为怨恨而离心。

雨泽过润，万物之灾也；恩宠过礼，臣妾之灾也；情爱过义，子孙之灾也。

【译文】　降下的雨水超过了湿燥适中的润泽程度，是万物的灾难；施与的恩宠超过了礼法的要求，是臣子、后妃的灾难；给予的关爱超过了道义的标准，是子孙的灾难。

安详恭敬，是教小儿第一法；公正严明，是做家长第一法。

【译文】 安详恭敬，是教导小孩的首要内容；公正严明，是做好家长的首要原则。

人一心先无主宰，如何整理得一身正当？人一身先无规矩，如何调剂得一家肃穆？

【译文】 一个人心中没有正确的观念支配，怎么能把自己的身心修炼端正？一个人自身没有正确的行为规范，怎么能把自己的家族调理得庄正清穆？

融得性情上偏私，便是大学问；消得家庭中嫌隙，便是大经纶[①]。

【注释】 ①经纶：才学，本领。

【译文】 能够调和自己性情中的偏颇、私心，就是大学问；能够消除家庭中的隔阂，便是大本领。

遇朋友交游之失，宜剀切[①]，不宜游移[②]；处家庭骨肉之变，宜委曲，不宜激烈。

【注释】 ①剀（kǎi）切：诚恳，恳切，符合事理。

②游移：犹豫不定。

【译文】 遇到朋友交往中的过失，应该恳切劝谏，不应犹豫不决；遇到家庭变故、骨肉分离的变故，应该委婉含蓄，不应过激。

未有和气萃焉[①]，而家不吉昌者；未有戾气结焉，而家不衰败者。

【注释】 ①萃：集聚。

【译文】 从来没有充满和睦气氛，却家庭不吉祥兴旺的；从来没有集聚邪恶之气，却家族不衰落败亡的。

闺门之内不出戏言，则刑于之化行矣[①]；房帷之中[②]不闻戏笑，则相敬之风著矣。

【注释】 ①刑于之化：刑通“型”，模范，楷模，形容夫妇和睦。语出《诗经·雅·思齐》：“刑于寡妻，至于兄弟，以御于家邦。”

②房帷：指夫妻间的情爱。

【译文】 家门之内从未传出嬉闹的言语，那么和睦夫妇的模范行为已经施行；内室之中听不到轻薄的嬉笑，那么夫妻相敬的风气已经形成。

人之于嫡室也，宜防其蔽子之过；人之于继室也，宜防其诬子之过。

【译文】 对于正室妻子，应该防备她隐蔽自己子女的过失；对于续娶的妻子，应该防备她污蔑之前妻子的子女的过错。

仆虽能[①]，不可使与内事；妻虽贤，不可使与外事。

【注释】　①虽：即使。

【译文】　奴仆即使有才能，也不可以让他参与家庭内部的事；妻子虽然贤惠，也不能让她参与家庭以外的事。

奴仆得罪于我者尚可恕，得罪于人者不可恕；子孙得罪于人者尚可恕，得罪于天者不可恕。

【译文】　奴仆得罪了我尚且可以饶恕，得罪了别人的就不能宽恕；子孙得罪了他人尚且可以宽恕，违背了天理的就不可饶恕。

奴之不祥，莫大于传主人之谤语；主之不祥，莫大于行仆婢之谮言[①]。

【注释】　①谮：诬陷。

【译文】　奴仆的不善，没有比传播造谣主人的话更严重的；主人的不善，没有比轻信仆从、婢女的诬陷之言更严重的。

治家严，家乃和；居乡恕，乡乃睦。治家忌宽，而尤忌严；居家忌奢，而尤忌啬。

【译文】　严谨治理家事，家庭才会和睦；在乡间居住，对人宽和，乡邻间才会和睦。治理家事切忌宽松，但不能太过严苛；居家生活切忌奢侈，但不能太过吝啬。

无正经人交接，其人必是奸邪；无穷亲友往来，其家必然势利。

【译文】　没有正经人与之往来，此人一定是奸邪之人；没有贫穷的亲友与之交往，这一家一定是以财产、地位分别对待人的人。

日光照天，群物皆作，人灵于物，寐而不觉，是谓天起人不起，必为天神所谴，如君上临朝，臣下高卧失误，不免罚责。

夜漏三更，群物皆息，人灵于物，烟酒沉溺，是谓地眠人不眠，必为地祈所呵，如家主欲睡，仆婢喧闹不休，定遭鞭笞。

【译文】　阳光照亮天空，万物都已苏醒，人类比万物都要聪敏，却睡着不醒，这就是所说的天起人不起，必定会受到天神的谴责，如君主到达朝堂，大臣却安睡、错过了上朝的时间，难免遭受责罚。

夜晚过了三更，万物都已休息，人类比万物都要聪敏，却沉溺在烟酒之中，这就是所说的地眠人不眠，一定会受到地神的呵责，如主人要睡觉，仆人却吵闹不止，一定会遭到鞭打。

楼下不宜供神，虑楼上之亵秽①；屋后必须开户，防屋前之火灾。

【注释】　①亵：亵渎，玷污。

【译文】　楼下不适合供奉神明，恐怕楼上的污秽之物亵渎了神明；屋子的后墙必须设置后门，以防屋子前面发生火灾无处逃生。

本类简评

“治国必先齐家”，齐家就是保持家庭的和顺。家庭是社会最基本的细胞，也是每个人生活的场所，注重家庭是中国文化的重要基因。在儒家看来，齐家是一个人道德的体现，一个人能力的体现，一个人责任的体现，一个人理想与情怀的体现。因此，“家齐”是一个人走向社会、报效国家的基本要求。家庭其实就是一个小社会，同样有待人接物，同样会面对许多问题。本篇所选取的格言以通俗易懂、贴近生活的方式，为我们展现了如何“齐家”。通读全篇，我们可以领悟到齐家的几个关键词：第一，勤俭，勤俭是治家之本。第二，和顺，和顺是“齐家”的要义。要做到和顺，必须处理好家庭成员之间的关系，包括父母、兄弟、夫妻、婆媳、仆婢等。做到和谐相处，最重要的就是恪守个人的责任，恪守基本的伦理道德。第三，家风，诗书、忠孝传家是本篇格言中多处强调的，可见齐家必须要培养良好的家风，家教是根本。除了上述几个关键词之外，还有许多切实可行的实际要求，如早起、早睡、防火等。总之，家庭是社会和谐的基础，齐家仍然是我们今天所面对的重要社会问题，也许本篇能为我们提供有益的思考。

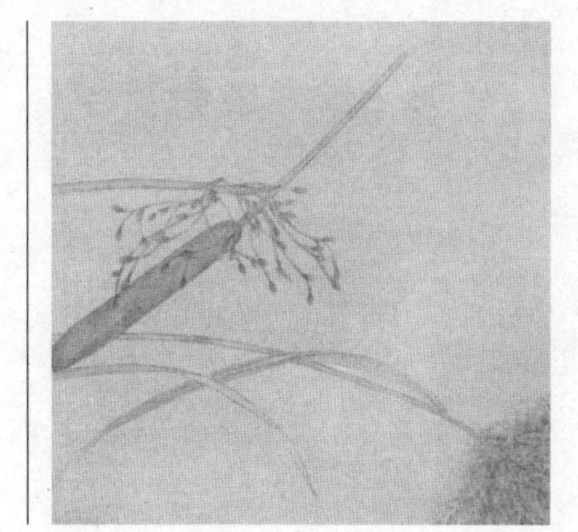

从政类

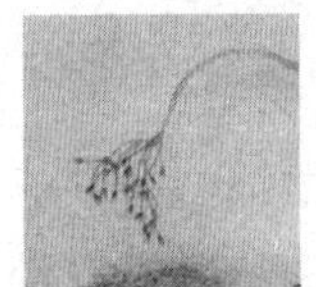

眼前百姓即儿孙，莫谓百姓可欺，且留下儿孙地步[①]；堂上一官称父母，漫道一官好做[②]，还尽些父母恩情。

【注释】　①地步：余地，后路，回旋的余地。《红楼梦》第五十回："这正是会作诗的起法，不但好，而且留了写不尽的多少地步与后人。"

②漫道：不要说，别觉得。

【译文】　眼下正在管理的百姓就像自己的子孙一样，不要觉得百姓可以欺负，应该像对待儿孙那样给他们留有余地；公堂上的官员称为父母官，不要说父母官好做，对待百姓应该多尽一些父母般的恩情。

善体黎庶情[①]，此谓民之父母；广行阴骘事[②]，以能保我子孙。

【注释】　①黎庶：百姓，平民大众。《史记·秦始皇本纪》："地势既定，黎庶无繇，天下咸抚。"

②阴骘（zhì）：阴德。《尚书·洪范》："惟天阴骘下民，相协厥居。"

【译文】　善于体察民情，这样的官才能称作是百姓的父母；广泛地施行一些能积阴德的好事，以便能庇佑子孙。

封赠父祖，易得也，无使人唾骂父祖，难得也；恩荫子孙[1]，易得也，无使我毒害子孙，难得也。

【注释】　①恩荫：中国上古时代世袭制的一种变相，指在封建制度下，由父辈的地位而使子孙后辈在入学、入仕等方面享受特殊待遇。

【译文】　凭借自己的官位为祖辈获得封赏很容易，能不让他人唾骂自己的祖先却很难做到；凭借自己的功勋为子孙获得优待很容易，能让自己的行为不贻害子孙却难以做到。

洁己方能不失己，爱民所重在亲民。

【译文】　清廉为人才能不失去自己的品行，爱护百姓最重要的在于亲近百姓。

朝廷立法不可不严，有司行法不可不恕[1]。

【注释】　①有司：指主管某部门的官吏。古代设官分职，各有专司，故称有司。《史记·孝武本纪》："其后三年，有司言元宜以天瑞命，不宜以一二数。"

【译文】　朝廷制定法律不能不严格，主管的官吏执行法律不可以不宽和。

严以驭役而宽以恤民[1]，极于扬善而勇于去奸，缓于催科而勤于抚字[2]。

【注释】　①驭役：管理下属。

②催科：催收租税。抚字：对百姓安抚、体恤。《北齐书·封隆之

传》：“隆之素得乡里人情，频为本州，留心抚字，吏民追思，立碑颂德。”

【译文】 管理下属要严格，抚恤百姓要宽厚；要大力宣扬好人善事，勇于惩处奸人坏事；催缴税收要缓和，安贫抚弱要勤勉。

催科不扰，催科中抚字；刑罚不差，刑罚中教化。

【译文】 催缴赋税时要不惊扰百姓，催缴时不忘安抚百姓；执行刑罚时不能出现差错，刑罚时不忘教化百姓。

刑罚当宽处即宽，草木亦上天生命；财用可省时便省，丝毫皆下民脂膏[①]。

【注释】 ①脂膏：民脂民膏。

【译文】 处罚用刑时该宽和的地方便宽和，哪怕一草一木也是上天赋予的生命；钱财的使用能够节省时便节省，哪怕一丝一毫也是民脂民膏。

居家为妇女们爱怜，朋友必多怒色；做官为衙门人欢喜，百姓定有怨声。

【译文】 在家中被妇女们喜爱（而疏远了朋友），朋友们一定会多有愤怒的神色；在外做官被衙门中的人喜欢（而忘记了百姓），百姓一定会有抱怨的言论。

官不必尊显，期于无负君亲。道不必博施，要在有裨民物[1]。禄岂须多，防满则退。年不待暮，有疾便辞。天非私富一人，托以众贫者之命；天非私贵一人，托以众贱者之身。

【注释】　①裨：裨益，有益。

【译文】　做官不一定要尊贵显达，只期望不要辜负君王和父母。道义不一定要广泛施行，只要做到有益于民生。俸禄哪里需要那么多，达到能够防老的程度即可，多了便返还。不需要等到年老，有病了就辞官。上天不是只让一人富有，而是托付给他众多贫穷者的命运；上天不是只让一人显贵，而是将众多卑贱者的人生委托给他。

住世一日，要做一日好人；为官一日，要行一日好事。

【译文】　在这世上生活一天，便要做一天的好人；在朝廷中做一天的官，便要做一天的好事。

贫贱人栉风沐雨[1]，万苦千辛，自家血汗自家消受，天之鉴察犹恕；富贵人衣税食租，担爵受禄，万民血汗一人消受，天之督责更严。

【注释】　①栉（zhì）风沐雨：以风梳，以雨沐。形容人不顾风雨，辛苦劳作奔波。《庄子·天下》："沐甚雨，栉疾风。"

【译文】　贫贱者风吹雨淋，千辛万苦，自己家的辛劳所得自己家消耗使用，上天对其的监察也稍微宽容；富贵者的衣食来自税收、地租，拥有爵位享受俸禄，众多百姓的劳动成果由他一人使用，因此上天对他的监督便更加严格一些。

平日诚以治民而民信之，则凡有事于民，无不应矣；平日诚以事天而天信之，则凡有祷于天，无不应矣。

【译文】 平时真心真意治理民众，百姓便相信他，一旦有事情要求百姓做，没有不答应的；平时真心真意对待上天，上天便相信他，一旦有向上天祈祷的事，没有不应验的。

平民肯种德施惠，便是无位底卿相；士夫徒贪权希宠，竟成有爵底乞儿。

【译文】 平民百姓如果愿意积德行善，就是没有官位的公卿丞相；士大夫只贪图权利、谋求宠爱，最终会变成有官位的乞丐。

无功而食，雀鼠是已；肆害而食，虎狼是已。

【译文】 对百姓没有功劳却享受俸禄，这样的官员如同麻雀、老鼠一般；肆意残害百姓却享用俸禄，这样的官员如同虎、狼一样。

毋矜清而傲浊[①]，毋慎大而忽小，毋勤始而怠终。

【注释】 ①矜清而傲浊：以清操而自矜自大，自命清高。

【译文】　不要自矜清高而傲视他人的庸俗，不要只在大事上谨慎却忽略了小事，不要开始做事时勤勉但最终懈怠。

勤能补拙，俭以养廉。

【译文】　勤奋练习便能弥补笨拙，节俭生活便能培养廉洁的品行。

居官廉，人以为百姓受福，予以为锡福于子孙者不浅也[1]，曾见有约己裕民者，后代不昌大耶？

居官浊，人以为百姓受害，予以为贻害于子孙者不浅也，曾见有瘠众肥家者[2]，历世得久长耶？

【注释】　①锡：赐。《楚辞·离骚》："皇览揆余初度兮，肇锡余以嘉名。"

②瘠：动词，使贫瘠。

【译文】　为官清廉，人们认为这是百姓有福气，我认为这能为自己的子孙后代赐福不少，有谁曾经见过约束自己、造福百姓的官员，后代却不昌盛兴旺的？

为官贪浊，人们认为这是百姓在受害，我认为这能为自己的子孙后代留下不少祸患，有谁曾经见过使百姓贫困而自家富庶的官员，家族能够长盛的？

以林皋安乐懒散心做官[1]，未有不荒怠者；以在家治生营产心做官，未有不贪鄙者。

【注释】 ①林皋：山林，山野，指归隐闲适。《千字文》："省躬讥诫，宠增抗极。殆辱近耻，林皋幸即。"

【译文】 用归隐山林、安于享乐的懒散心态做官的，没有不荒废懈怠政务的；用在家谋生、经营产业的心态做官的，没有不贪污受贿的。

念念用之君民，则为吉士[1]；念念用之套数[2]，则为俗吏；念念用之身家，则为贼臣。

【注释】 ①吉士：贤人。

②套数：老一套的办法，相因袭的程式。《二刻拍案惊奇》卷十八："却自有这伙地方人等要报知官府，投递结状，相验尸伤许多套数。"

【译文】 一念一想都是为了君主、百姓的人，便是贤人；一念一想都是为官套路的人，便是庸俗的官吏；一念一想都是为了自己的私利的人，便是奸臣。

古之从仕者养人[1]，今之从仕者养己。古之居官也，在下民身上做工夫；今之居官也，在上官眼底做工夫。

【注释】 ①从仕：从政，为官。陆游《老学庵笔记》："顾迫贫从仕，又十有二年，负神之教多矣。"

【译文】 古代的为官者安养百姓，现在的为官者供养自身。古时候当官的人，在下层民众的生活上下功夫；现在当官的人，在上级眼前做表面功夫。

在家者不知有官，方能守分[1]；在官者不知有家，方能尽分。

【注释】 ①分：本分。

【译文】 家中的亲属能忘记自己的亲人中有官员，才能守住本分；为官的人忘记了自己家庭的利益，才能做好自己的本职。

君子当官任职，不计难易，而志在济人，故动辄成功；小人苟禄营私，只任便安[1]，而意在利己，故动多败事。

【注释】 ①便安：便利安稳。

【译文】 君子担任官职，不计较难易，而志向在于接济百姓，因此动不动就能取得成功；小人谋求私利，只做便利安稳的工作，一心为了自己得利，因此常常做事失败。

职业是当然底，每日做他不尽，莫要认作假；权势是偶然底，有日还他主者，莫要认作真。

【译文】 本职工作是必然要做的，每天做也做不完，不要弄虚作假；权力势力是偶然获得的，总有一天要还给它的主人（朝廷），不要太过当真。

一切人为恶，犹可言也，惟读书人不可为恶，读书人为恶，更无教化之人矣！

一切人犯法，犹可言也，惟做官人不可犯法，做官人犯法，更无禁治之人矣！

【译文】 所有人做了坏事都可能情有可原，只有读书人不可以作恶，读书人做坏事，就再没有可以教化百姓的人了！

所有人触犯了法律都有可能情有可原，只有做官的人不可以犯法，为官者犯法，就再没有整顿治理社会的人了！

士大夫济人利物，宜居其实，不宜居其名，居其名则德损；士大夫忧国为民，当有其心，不当有其语[①]，有其语则毁来。

【注释】 ①语：指空谈，高谈阔论。

【译文】 士大夫济世救民，应该在意其实效，不应该追求名声，追求名声就会有损品德；士大夫忧国忧民，应当发自真心，不应只是空谈，满嘴空谈就会招致毁谤。

以处女之自爱者爱身，以严父之教子者教士。执法如山，守身如玉，爱民如子，去蠹如仇[①]。

【注释】 ①蠹：蛀虫。

【译文】 像处女爱惜自身名节那样洁身自爱，像严父教导孩子那样教诲他人。执行法律严谨如山，保守节操使之像玉一样洁白无瑕，爱护百姓如同对待自己的孩子，铲奸除恶如同面对仇敌一样。

陷一无辜，与操刀杀人者何别？释一大憝[①]，与纵虎伤人者无殊！

【注释】 ①憝：奸恶，穷凶极恶的人。

【译文】 陷害一个无辜的人，和用刀杀人的凶手有什么区别？放过了一个大恶之人，与放出老虎伤害他人的行为有什么不同？

针芒刺手，茨棘伤足[①]，举体痛楚，刑惨百倍于此，可以喜怒施之乎？

虎豹在前，坑阱在后，百般呼号，狱犴何异于此[②]，可使无辜坐之乎？

【注释】 ①茨棘：蒺藜与荆棘。《诗·小雅·楚茨》："楚楚者茨，言抽其棘。"

②狱犴：牢狱。《盐铁论·刑德》："幽隐远方，折乎知之，室女童妇，咸知所避。是以法令不犯，而狱犴不用也。"

【译文】 针尖扎手，荆棘刺脚，全身都会感到疼痛，酷刑比这疼痛更甚百倍，怎么能因自己的喜怒就随意施行呢？

老虎和豹子在面前，陷阱在身后，便不停地大声呼叫，身陷牢狱与这又有什么不同，怎么能让无辜的人坐牢呢？

官虽至尊，决不可以人之生命，佐己之喜怒；官虽至卑，决不可以己之名节，佐人之喜怒。

【译文】 官位即使再尊贵，也绝不能用他人的性命成全自己的喜怒之情；官位即使再低微，也绝不能用自己的名节附和他人的喜怒。

听断[1]之官，成心必不可有；任事之官，成算[2]必不可无。

【注释】　①听断：听讼断狱。

②成算：已定的计划。

【译文】　听讼断狱的官员，成见一定不能有；处理事务的官员，已定的计划一定不能没有。

无关紧要之票[1]，概不标判[2]，则吏胥无权[3]；不相交涉之人，概不往来，则关防自密[4]。

【注释】　①票：政令，公文。

②标判：批示，签发。

③吏胥：小吏。

④关防：印信，这里指机密。

【译文】　与紧要的事没有关系的公文，一律不批示，这样小吏就没有了权力；没有关联的人，一律不往来，这样机密就自然保全。

无辜牵累难堪，非紧要，只须两造对质[1]，保全多少身家。

疑案转移甚大，无确据，便当末减从宽，休养几人性命。

【注释】　①只：仅仅。两造：案件双方当事人。《尚书·吕刑》："两造具备，师听五辞。"

【译文】　没有罪却被牵连，令人难堪，如果不是紧要的案件，只需要传唤双方当事人对质，这样可以保全多少人的名声和家庭。

疑案变化多端，如果没有确凿的证据，便应该减轻量刑、从宽处理，这样可以保全几条人命。

呆子之患，深于浪子，以其终无转智；昏官之害，甚于贪官，以其狼藉及人[1]。

【注释】 ①狼藉：折磨，困厄。

【译文】 呆蠢的人所能带来的祸患，比放浪之人能带来的危害更严重，因为他终生都没有变聪明的可能；昏庸的官员带来的灾害，比贪官污吏带来的伤害更严重，因为他造成的混乱局面会危及众人。

官肯著意一分[1]，民受十分之惠；上能吃苦一点，民沾万点之恩。

【注释】 ①著意：用心，留意。李渔《蜃中楼》："你也替我留心，我也替你著意。"

【译文】 为官者愿意多用心一分，百姓就能得到十分的好处；处于上位的人能多吃一点苦，百姓就能得到万分的恩惠。

礼繁则难行，卒成废阁之书[1]；法繁则易犯，益甚决裂之罪。

【注释】 ①废阁：亦作"废格"，搁置而不实施。《史记·平准书》："于是见知之法生，而废格沮诽穷治之狱用矣。"

【译文】 礼节烦琐就难以遵行，最终成为搁置不用的书；法律繁杂就容易触犯，其危害比死刑还要严重。

善启迪人心者，当因其所明而渐通之，毋强开其所闭；善移易风俗者，当因其所易而渐反之，毋强矫其所难。

【译文】　善于开导民众的人，应该依据他们能明白的方式逐步地使他们完全懂得，不要勉强他们接受他们自身所拒绝的观点；善于改变风俗的人，应该采用他们易于接受的形式逐渐地改变他们，不要强迫他们改变难以变更的习俗。

非甚不便于民，且莫妄更；非大有益于民，则莫轻举。

【译文】　不是非常不便于百姓的政令，暂且不要妄自更改；不是非常有益于百姓的举措，暂且不要轻易施行。

情有可通，旧有者不必过裁抑，免生寡恩之怨；事在得已，旧无者不必妄增设，免开多事之门。

【译文】　情理上可以说得通，之前已有的制度就不用过分裁剪、抑制，免得滋生指责刻薄少恩的抱怨；事情能够解决，就不要在原有秩序的基础上随意增设，免得产生许多事端。

为前人者，无干誉矫情[1]，立一切不可常之法，以难后人；为后人者，无矜能露迹，为一朝即改革之政，以苦前人。

【注释】 ①干誉矫情：违背常情以求名誉。《二刻拍案惊奇》卷二四："其余凡贪官、污吏……及矫情干誉、欺世盗名种种之人，无不随业得报，一一不爽。"

【译文】 作为前辈，不要违背常情以求名誉，制定一些不易施行的法令，为后来者增加困难；作为后来者，不要为了夸耀才能、显露能力而在短时间内推进改革的政令，使前辈难堪。

事在当因[1]，不为后人开无故之端；事在当革，无使后人长不救之祸。

【注释】 ①因：因袭，沿袭。

【译文】 应该因袭的制度就要沿袭，不要给后来者开无缘无故更改政令的先河；应该改革的规则就要改革，不要给后来者留下无法挽救的祸患。

利在一身勿谋也，利在天下者谋之；利在一时勿谋也，利在万世者谋之。

【译文】 只能为自己一人带来好处的事不要筹谋，要谋划能为天下人带来好处的事；只能带来一时利益的事不要筹谋，要谋划世世代代都能带来益处的事。

莫为婴儿之态，而有大人之器。莫为一身之谋，而有天下之志。莫为终身之计，而有后世之虑。

【译文】　不要做出小孩般的姿态，要有大人的气量。不要只为自己谋划，要有胸怀天下的志向。不要只为自己的一生打算，要有对子孙后代的考虑。

用三代以前见识，而不失之迂；就三代以后家数①，而不邻于俗。

【注释】　①家数：家法传统，这里指治国的政策、策略。严羽《沧浪诗话·答出继叔临安吴景仙书》：“世之技艺，犹各有家数。”

【译文】　运用夏商周三代之前的见识，而不陷入迂腐的困境；应用夏商周三代之后的治国策略，而不落入鄙俗之中。

大智兴邦，不过集众思；大愚误国，只为好自用。

【译文】　有大智慧的人使国家兴旺，不过是善于汇集众人的智慧；十分愚蠢的人妨害国家，只因为他们喜欢刚愎自用。

吾爵益高，吾志益下①；吾官益大，吾心益小；吾禄益厚，吾施益博。

【注释】　①下：退让，谦逊。

【译文】　我的地位越高，我的志向就越谦逊；我的官职越大，我的私心就越小；我的俸禄越丰厚，我的施赠就越多。

安民者何？无求于民，则民安矣。察吏者何？无求于吏，则吏察矣[①]。

【注释】 ①察：清廉，称职。

【译文】 怎样安抚百姓呢？不要从百姓那里求取事物，百姓就安乐了。怎样监察官吏呢？不要向官吏索求财物，官吏的优劣就可以察视清楚了。

不可假公法以报私仇，不可假公法以报私德。

【译文】 不可以借助公共法律来报个人仇怨，不可以借助公共法律来报答私人恩惠。

天德只是个无我[①]，王道只是个爱人[②]。

【注释】 ①天德：上天的德性。董仲舒《春秋繁露·人副天数》："天德施，地德化，人德义。"

②王道：儒家思想认为，圣人成了君王，其统治即是王道，常与"霸道"相对称。王道政治强调君主以仁义治天下，以德政安抚臣民。

【译文】 上天的德性只是在于无私忘我，君主的统治之道只是在于仁爱百姓。

惟有主，则天地万物自我而立；必无私，斯上下四旁咸得其平[①]。

【注释】 ①斯：则，就。四旁：四极，四境。

【译文】 只有有主见，对待天地万物才能有我自己遵循的原则；必须要舍弃私心，才能平等地对待周围的一切。

治道之要在知人，君德之要在体仁，御臣之要在推诚，用人之要在择言，理财之要在经制[①]，足用之要在薄敛，除寇之要在安民。

【注释】 ①经制：精心处理计算。

【译文】 治国的关键在于知人善任，君主的德性关键在于体恤仁爱，管理臣子的关键在于推诚布公，任用人才的关键在于听取谏言，管理财务的关键在于精心计算，丰衣足食的关键在于减轻赋税，消除盗贼的关键在于安抚民众。

未用兵时，全要虚心用人；既用兵时，全要实心活人。

【译文】 战争没有开始的时候，一定要谦逊地任用人才；战争开始的时候，一定要以真心待人、减少人员伤亡。

天下不可一日无君，故夷齐非汤武[①]，明臣道也，不然，则乱臣接踵而难为君；天下不可一日无民，故孔孟是汤武，明君道也，不然，则暴君接踵而难为民。

【注释】 ①夷齐：伯夷与叔齐的并称，商末贵族，不肯归附周，不食周粟而死，反对推翻前朝统治的行为。汤武：商代开国君主商汤与周代开国君主周武王的并称。

【译文】 天下一天都不能没有君主，因此伯夷、叔齐指责商汤和周武王，以此来明确做臣子的正确方法，不这样的话，乱臣贼子就会不断产生，使君主痛苦；天下一天都不能没有百姓，所以孔子、孟子肯定商汤和周武王，以此来明确君主的正确方法，不这样的话，暴戾的君主就会不断出现，使百姓痛苦。

庙堂之上，以养正气为先；海宇之内[①]，以养元气为本。

【注释】 ①海宇：国境以内。《梁书·武帝纪上》："浃海宇以驰风，罄轮裳而禀朔。"

【译文】 朝廷之上，要把培养刚正之气作为首要工作，国境之内，要把培养人力物力的工作视为根本。

人身之所重者元气，国家之所重者人才。

【译文】 一个人身上最重要的是精神气，一个国家最重要的是人才。

本类简评

《论语·为政》云："为政以德，譬如北辰，居其所而众星拱之。"为政就是从政，就是讲出仕做官之道。本篇所言都是居官为政之道。从政是中国古代读书人的重要追求，也是人生价值实现的基本途径之一。读书、修身、养性、齐家，皆为做官做准备，这是中国古代士人的基本价值观。读书人为官从政，治理一方，教化百姓，须讲求为官之道，方可全己容身，造福黎庶。本篇所选格言，都是教化为官者须养民爱民，善体庶情，勤政宽仁，薄赋清廉，这些为官之道，即使到了今天也有其现实意义。当然，通篇所弥漫的忠君爱民、民之父母等思想观念，是君主专制之下的从政之道，我们在阅读时必须注意到其时代的局限。需要指出的是，本篇对官员的一些惩戒、威吓并不是建立在监督基础上的，而是大谈"因果报应"，这些因果报应之说，在古代是有其积极意义的，对于防止官员贪腐起到了一定的作用。身处今天，我们当然不能继续去高谈因果报应，而应将权力关入笼中，以人民的监督来确保政风，确保拒腐防贪。

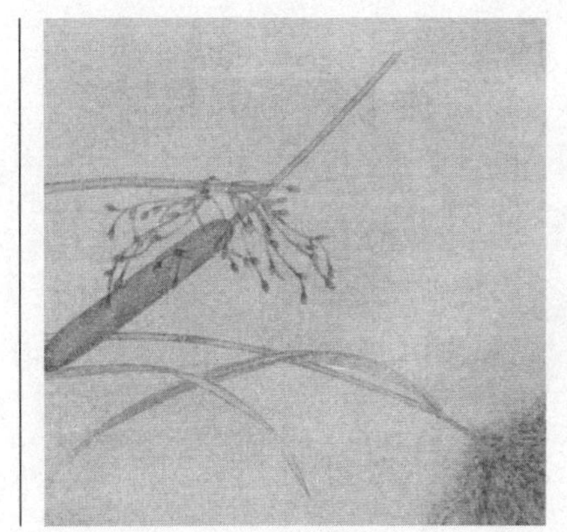

惠吉类

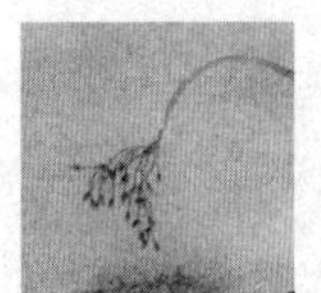

圣人敛福，君子考祥[1]。作德日休[2]，为善最乐。

【注释】 ①考：最终，终究。

②休：美好。

【译文】 圣人积攒福气，君子最终都吉祥。施恩德每日美好，做善事最为快乐。

开卷有益，作善降祥[1]。

【注释】 ①作善降祥：行善事则可获天降之护佑。《尚书·伊训》：“惟上帝不常。作善降之百祥，作不善降之百殃。”

【译文】 读书就会有收益，行善就会得到天降的吉祥。

崇德效山，藏器学海[1]。群居守口，独坐防心。

【注释】 ①藏器：身怀才能而等待着施展的时机。器，指才能。《周易·系辞下》：“君子藏器于身，待时而动。”

【译文】 像高山一样，使自己的德行崇高，像大海一样，不断提高自己的才能、等待时机。很多人在场时要说话谨慎，一个人独坐时要防生邪念。

知足常乐，能忍自安。

【译文】 懂得满足的人经常感到快乐，能够忍让的人自然得到平安。

穷达有命，吉凶由人。

【译文】 穷困还是显达是由命运决定的，幸福还是凶险则是由自己的所作所为决定。

以镜自照见形容[1]，以心自照见吉凶。

【注释】 ①形容：形体与容貌。

【译文】 用镜子照自己可以看见自己的形状容貌，用心做镜子反照自己可以知道吉凶祸福。

善为至宝，一生用之不尽；心作良田，百世耕之有余。世事让三分，天空地阔。心田培一点[1]，子种孙收。

【注释】 ①心田：佛教用语，即内心，良心。谓心藏善恶种子，随缘滋长，如田地生长五谷，故称心田。南朝梁简文帝《上大法颂表》：“泽雨无偏，心田受润。”

【译文】 善良是最好的宝物，一辈子受用无穷；将心维护成良田，子孙后代都耕种不尽。处理事情忍让几分，就会天地开阔。培育一点善心，如果子辈耕育善行，孙辈就能受益。

要好儿孙，须方寸中放宽一步[1]；欲成家业，宜凡事上吃亏三分。

【注释】 ①方寸：指人的内心，心绪。《魏书·董绍传》："老母在洛，无复方寸，既奉恩贷，实若更生。"

【译文】 想要好的儿孙，就要心中宽和大度；想成就家业，就应该所有事都愿意吃一点亏。

留福与儿孙，未必尽黄金白镪[1]；种心为产业，由来皆美宅良田。

【注释】 ①白镪：白银，银子。孔贞运《明资政大夫兵部尚书节寰袁公墓志铭》："是年四月，上念公劳苦边事，赐白镪文蟒以宠异之。"

【译文】 为子孙辈留下福气，未必要全是黄金白银；将修身养性作为事业，将来都会收获好的田宅。

存一点天理心，不必责效于后[1]，子孙赖之；说几句阴骘语，纵未尽施于人，鬼神鉴之。

【注释】 ①责效：取得成效，收到成效。

【译文】 内心留存一些天理良心，不一定要之后立刻取得成效，子孙辈会从中受益；说几句积德的话，即使没能全都施恩于人，鬼神自然会察觉到。

非读书不能入圣贤之域，非积德不能生聪慧之儿。

【译文】 不读书就无法进入圣贤的境界，不积德就不能生养聪慧的孩子。

多积阴德，诸福自至，是取决于天。尽力农事，加倍收成，是取决于地。善教子孙，后嗣昌大，是取决于人。

【译文】 多多积攒阴德，各种福气自然就到来，这是上天决定的。尽力做好农活，收成自然翻倍，这是大地决定的。好好地教导子孙，后辈自然兴旺，这是人自己决定的。

事事培元气，其人必寿；念念存本心[①]，其后必昌。

【注释】 ①本心：天生的善性、善良。《孟子·告子上》："乡为身死而不受，今为宫室之美为之……此之谓失其本心。"

【译文】 做每件事都注意养护精神气，这个人一定会长寿；每个念头都保存本心，他的后代一定会昌盛。

勿谓一念可欺也，须知有天地鬼神之鉴察。勿谓一言可轻也，须知有前后左右之窃听。勿谓一事可忽也，须知有身家性命之关系。勿谓一时可逞也[①]，须知有子孙祸福之报应。

【注释】 ①逞：放任，任性。

【译文】 不要存有一点欺骗的念头，要知道有天地鬼神在时刻审查。

不要轻易说一句话，要知道周围时刻有人偷听。不要认为某一件小事可以疏忽，要知道它往往会关系到身家性命。不要说可以一时放纵，要知道这样会福祸吉凶都会报应到子孙身上。

人心一念之邪，而鬼在其中焉，因而欺侮之，播弄之[1]，昼见于形像，夜见于梦魂，必酿其祸而后已。故邪心即是鬼，鬼与鬼相应，又何怪乎！

人心一念之正，而神在其中焉，因而鉴察之，呵护之，上至于父母，下至于儿孙，必致其福而后已。故正心即是神，神与神相亲，又何疑乎！

【注释】　①播弄：挑拨，玩弄，摆布，支配。

【译文】　一个人的心中产生一点邪念，鬼就会存在心中，鬼因此欺侮他，挑拨他，使他白日精神恍惚，晚上噩梦不断，必定酿成祸事后才会停止。所以邪恶之心就是鬼，鬼和鬼互相应和，又有什么好奇怪呢？

一个人心中有刚正之气，神明就会在心中产生，神明因此监察他，保护他，上到父母，下到子孙，一定都得到福报才停止。所以刚正的心就是神明，神与神相互亲近，又有什么可疑惑的呢？

终日说善言，不如做了一件；终身行善事，须防错了一桩。

【译文】　整天说好的话，不如做上一件善事；一辈子做善事，要谨防做错一件。

物力艰难，要知吃饭穿衣，谈何容易？光阴迅速，即使读书行善，能有几多？

【译文】 物力、人力都十分困难，要吃饭、穿衣哪有说的那么容易？时间流逝很快，即使读书、行善，又能做到多少呢？

只字必惜[①]，贵之根也；粒米必珍，富之源也；片言必谨，福之基也；微命必护[②]，寿之本也。

【注释】 ①只字：一个字，这里代指读书问学。

②微命：卑微而价值不大的性命。《楚辞·天问》："蜂蛾微命，力何固？"

【译文】 读书时每个字都爱惜，是达到显贵的根本；吃饭时每一粒米都珍惜，是变得富裕的根源；说话时每一句话都谨慎，是积攒福气的基础；遇到的每个微小的生命都去爱护，是延长寿命的本源。

作践五谷，非有奇祸，必有奇穷；爱惜只字，不但显荣，亦当延寿。

【译文】 浪费粮食，不是有突如其来的灾祸，就是有非常严重的贫穷；爱惜知识，不但会显贵荣华，还会延长寿命。

茹素非圣人教也[①]，好生则上天意也。

【注释】 ①茹：吃。

【译文】 吃素不是圣人教导的事，但爱护生灵是上天的愿望。

仁厚刻薄，是修短关[①]；谦抑盈满，是祸福关；勤俭奢惰，是贫富关；保养纵欲，是人鬼关。

【注释】 ①修短：长短，指福报、寿命的长短数量。《汉书·谷永传》："加以功德有厚薄，期质有修短，时世有中季，天道有盛衰。"

【译文】 仁厚还是刻薄，是寿命长短的关键；谦让还是自满，是福祸吉凶的关键；勤奋节俭还是骄奢懒惰，是贫富的关键；保养还是放纵欲望，是生死的关键。

造物所忌，曰刻曰巧[①]；万类相感[②]，以诚以忠。

【注释】 ①刻：指器物过分雕琢，追求精细。

②相感：相互感应。《易·系辞下》："往者屈也，来者信也，屈信相感而利生焉。"

【译文】 创造万物的上天忌讳的是过分苛求、投机取巧；万物之间靠真诚和忠贞相互感应。

做人无成心[①]，便带福气；做事有结果，亦是寿征[②]。

【注释】 ①成心：成见，偏见。《庄子·齐物论》："夫随其成心而师之，谁独且无师乎？"

②寿征：长寿的征兆。

【译文】 做人没有成见，就会带来福气；做事有始有终，也是长寿的征兆。

执拗者福轻，而圆通之人其福必厚；急躁者寿夭，而宽宏之士其寿必长。

【译文】 固执任性的人福气少，而圆融通达的人一定福泽深厚；性情急躁的人寿命短，而宽宏大量的人一定寿命很长。

谦卦六爻皆吉①，恕字终身可行。

【注释】 ①谦卦：《易经》六十四卦之第十五卦。上卦为坤为地，下卦为艮为山。谦卦艮下坤上，为地下有山之象，意在告诫人们要谦虚谨慎。

【译文】 谦卦的六爻都是吉祥之言，“恕”这个字一生都可以奉行。

作本色人，说根心话，干近情事。

【译文】 做真实的人，说真心的话，做通情达理的事。

一点慈爱，不但是积德种子，亦是积福根苗，试看那有不慈爱底圣贤？

一念容忍，不但是无量德器①，亦是无量福田，试看那有不容忍底君子？

【注释】 ①无量：没有限制的，没有止境的，指数量很多。

【译文】 一点慈爱之心，不仅是积攒德行的种子，也是积累福气的幼苗，试问哪里有不怀慈爱之心的圣贤？

一个容忍的念头，不仅有无数的修养气度，也有无尽的福泽，试问哪里有没有忍让之心的君子？

好恶之念萌于夜气[①]，息之于静也。恻隐之心发于乍见[②]，感之于动也。

【注释】 ①夜气：指晚上静思所产生的良知善念。《孟子·告子上》："牿之反覆，则其夜气不足以存；夜气不足以存，则其违禽兽不远矣。"

②乍见：初次遇见。

【译文】 好坏善恶的念头萌生于晚上静思时所产生的良知善念，在平静的状态中平息它。怜悯同情的心发生于初见的一瞬间，在行动中受到感发。

塑像栖神，盍归奉亲？造院居僧，盍往救贫？

【译文】 塑造佛像、供奉神灵，何不归家奉养双亲？建造寺院、收留僧侣，何不直接去救助贫穷之人？

费千金而结纳势豪，孰若倾半瓢之粟，以济饥饿。构千楹而招来宾客[1]，何如葺数椽之茅，以庇孤寒。

【注释】 ①楹：厅堂前部的柱子。

【译文】 耗费千金去结交有权势的人，不如拿出半瓢粮食接济饥饿的人。建造大量的房屋来招引宾客，不如修葺几间茅屋来庇护低微贫寒的人。

悯济人穷，虽分文升合[1]，亦是福田；乐与人善，即只字片言，皆为良药。

【注释】 ①合（gě）：容量单位，十合为一升，形容数量少。

【译文】 同情救济穷人，即使是一点钱财、食物，也能修来福气；乐于与人为善，即使是简短的言语，都是对人有益的良药。

谋占田园，决生败子；尊崇师傅，定产贤郎。

【译文】 一心谋划多占几亩田地、庭院，一定会生养出败家的孩子；尊敬、推崇老师，一定会培养出贤良子孙。

平居寡欲养身，临大节则达生委命[1]；治家量入为出，干好事则仗义轻财。

【注释】 ①达生委命：舍生取义。颜之推《颜氏家训·勉学》：“素怯懦者，欲其观古人之达生委命，强毅正直，立言必信，求福不回，勃然奋厉，不可恐慑也。”

【译文】　平日清心寡欲、修养身心，面临关系重大的事情时则舍生取义、通达地看待生死；治理家事时根据收入的多少来定开支的限度，做好事时则追求道义、轻视钱财。

善用力者就力[①]，善用势者就势，善用智者就智，善用财者就财。

【注释】　①就：凭借，倚仗。

【译文】　善于使用力量的人就用好自己的力量，善于借用时势的人就运用时势，善于使用智慧的人就发挥才智，善于使用钱财的人就使用钱财。

身世多险途，急须寻求安宅；光阴同过客，切莫汩没主翁[①]。

【注释】　①汩没：在水中浮沉，随波逐流。

【译文】　人生在世多会遇到险途，我们迫切需要寻找一个安身之处；时间匆匆如同过客，一定不要做随波逐流的人。

莫忘祖父积阴功，须知文字无权，全凭阴骘；最怕生平坏心术，毕竟主司有眼[①]，如见心田。

【注释】　①主司：主管，此处指阴间的鬼神。

【译文】　不要忘记祖辈积攒的阴德，要知道考场里的文字没有权力，全靠阴德决定；人一生最怕的是有不正的心计，毕竟主考官有眼力，见到文字如同能看到每个人的内心。

天下第一种可敬人，忠臣孝子；天下第一种可怜人，寡妇孤儿。

【译文】　天下最值得尊敬的人是忠诚的臣子和孝顺的子孙；天下最值得同情的人，是失去丈夫的妇人和失去父亲的孩子。

孝子百世之宗①，仁人天下之命。

【注释】　①宗：尊崇的对象。

【译文】　孝子是世世代代都尊崇的对象，仁爱之人是天下的根本。

形之正，不求影之直而影自直；声之平，不求响之和而响自和；德之崇，不求名之远而名自远。

【译文】　身形端正，不刻意要求影子笔直，影子也自然会直；声音平和，不刻意追求回响的和谐，回响也自然和谐；品德崇高，不刻意让声名远扬，声名也自然会传到远处。

有阴德者，必有阳报；有隐行者，必有昭名。

【译文】　暗中积德的人，一定会有看得见的回报；私下行善的人，一定会得到好名声。

施必有报者，天地之定理，仁人述之以劝人；施不望报者，圣贤之盛心，君子存之以济世。

【译文】 施与必有回报，是天地间的必然道理，有仁心的人讲述这个道理以劝人向善；施恩不盼望回报的人，具有圣贤一样高尚的心，君子保存这种心来帮助世人。

面前的理路要放得宽，使人无不平之叹；身后的惠泽要流得远，令人有不匮之思[1]。

【注释】 ①匮：缺乏，匮乏。

【译文】 处理眼下事务的思路要放宽，使人们没有感到不公的叹息；留给后世的福泽要持续长久，使后人产生无尽的怀念。

不可不存时时可死之心，不可不行步步求生之事。

【译文】 不能没有每时每刻都有可能丧生的心理准备，不能不做一步一步谋求生存的事情。

作恶事，须防鬼神知；干好事，莫怕旁人笑。

【译文】 做坏事，要提防鬼神知道；做好事，不要怕旁人笑话。

吾本薄福人，宜行惜福事；吾本薄德人，宜行积德事。

【译文】　我本来就是福气淡薄的人，应该做爱惜福气的事；我本来就是德行浅薄的人，应该做积德行善的事。

薄福者必刻薄，刻薄则福愈薄矣；厚福者必宽厚，宽厚则福益厚矣。

【译文】　福泽稀少的人必定刻薄，越刻薄福泽就会越稀少；福泽深厚的人一定宽厚，越宽厚福气就越浑厚。

有工夫读书，谓之福；有力量济人，谓之福；有明道济世著述，谓之福；有聪明浑厚之见，谓之福；无是非到耳，谓之福；无疾病缠身，谓之福；无尘俗撄心[①]，谓之福；无兵凶荒歉之岁，谓之福。

【注释】　①撄（yīng）：扰乱，纠缠。

【译文】　有时间读书，是福气；有能力帮助别人，是福气；有讲明正道、救济世人的著述，是福气；有聪明浑厚的见识，是福气；听不到是非争论，是福气；没有疾病缠身，是福气；没有凡俗的事打扰身心，是福气；没有战争与灾荒，是福气。

从热闹场中，出几句清冷言语，便扫除无限杀机；向寒微路上，用一点赤热心肠，自培植许多生意[①]。

【注释】 ①生意：情义。

【译文】 在热闹繁杂的场合中，说几句清淡冷静的话，就可以清除无数的危机；对处在贫贱状况中的人，用一份诚挚热情的心肠对待，便能培植生发出许多情义。

入瑶树琼林中皆宝，有谦德仁心者为祥。

【译文】 进入种满瑶树和琼树、如同仙境的地方到处都是珍宝，有谦让德行、仁爱之心的人都会吉祥如意。

谈经济外[①]，宁谈艺术[②]，可以给用；谈日用外，宁谈山水，可以息机；谈心性外[③]，宁谈因果，可以劝善。

【注释】 ①经济：经世济民，治国平天下。

②艺术：非今天之艺术，古代指各种技能和方术。

③心性：中国古典哲学范畴，指“心”和“性”，谓性情、性格。

【译文】 除了谈论经世济民之道以外，情愿谈论各种技能和方术，可以用来供给备用；谈论日常生活以外，情愿谈论山水自然，可以使人停歇心机、算计；除了谈论心性以外，情愿谈谈因果报应，可以劝勉人们向善。

艺花可以邀蝶[①]，垒石可以邀云，栽松可以邀风，植柳可以邀蝉，贮水可以邀萍，筑台可以邀月，种蕉可以邀雨，藏书可以邀友，积德可以邀天。

【注释】 ①艺：养，种植。

【译文】　养花可以邀来蝴蝶相伴，垒搭奇石可以邀来云朵相伴，种植松树可以邀来清风相伴，种植柳树可以邀来蝉鸣相伴，贮藏水流可以邀来浮萍相伴，筑建亭台可以邀来明月相伴，种下芭蕉可以邀来雨声相伴，收藏书籍可以邀来良友相伴，积德行善可以得到上天赐福。

作德日休，是谓福地；居易俟命[①]，是谓洞天。

【注释】　①俟（sì）命：听天由命。《礼记·中庸》：“上不怨天，下不尤人，故君子居易以俟命，小人行险以徼幸。”郑玄注：“俟命，听天任命也。”

【译文】　积德行善每天不停止，就叫作进入了幸福安乐的境地；顺其自然、听天由命，就叫作到达了神仙居住的地方。

心地上无波涛，随在皆风恬浪静；性天中有化育[①]，触处见鱼跃鸢飞[②]。

【注释】　①化育：教化，培育，滋养。唐欧阳詹《二公亭记》：“席公今日之化育，吾徒是以宁。”

②鱼跃鸢飞：鱼跃于水，鸢飞于天，形容万物各得其所，自由自在。

【译文】　心境平和、没有波澜，随便去哪儿都是风平浪静；天性受到教化、修养，遇到什么都能自在自得。

贫贱忧戚，是我分内事，当动心忍性，静以俟之，更行一切善，以斡转之[①]。

富贵福泽，是我分外事，当保泰持盈，慎以守之，更造一切福，以凝承之。

【注释】 ①斡转：转变，改变。

【译文】 贫贱忧愁，是我自己的事，应该使心触动、使心性坚韧，静静地等待时机，再做一切力所能及的善事，以转变局面。

富贵福泽，是我自己的事，应该维持安定充盈的状况，谨慎地守护，再创造所有能做到的福祉，以使福气凝聚、不断传承。

世网那能跳出[1]，但当忍性耐心，自安义命[2]，即网罗中之安乐窝也[3]。

尘务岂能尽捐，惟不起炉作灶，自取纠缠，即火坑中之清凉散也。

【注释】 ①世网：指社会上法律礼教、伦理道德对人的束缚。嵇康《答难养生论》："奉法循理，不世网。"

②义命：泛指本分。范濂《云间据目抄》卷一："予今老矣，平生坎坷大都与家山同，独能以义命自安，而不役役于穷途。"

③安乐窝：北宋邵雍自号安乐先生，隐居苏门山，名其居为安乐窝。后泛指安静舒适的住处。

【译文】 世间众多的束缚如网，哪里能跳脱出来？只要忍耐心性，安于自己的本分，就是尘世之网中的安乐之处。

尘世间的事务，怎么可能全都置之不理？只要不另起炉灶，不自找麻烦，就是火坑中的清凉剂。

热不可除，而热恼可除，秋在清凉台上[1]。

穷不可遣，而穷愁可遣，春生安乐窝中。

【注释】 ①清凉台：相传原是汉明帝少时读书乘凉之处。

【译文】 炎热无法消除，但可以驱除心中的烦躁，那么凉爽的秋意便在清凉台上。

贫穷无法消除，但可以排遣贫穷导致的忧愁，那么融融春意便在安乐窝里。

富贵贫贱，总难称意，知足即为称意。山水花竹，无恒主人，得闲便是主人。

【译文】 富贵还是贫贱，总难以合乎人的心意，能够学会满足便会感到称心如意。山水花竹的美景，没有固定不变的主人，有闲情逸致观赏的人便是主人。

要足何时足，知足便足；求闲不得闲，偷闲即闲。

【译文】 一直追求满足，要到什么时候才能满足？其实知足便会满足。一直谋求闲适，却始终不能休息，其实抽空休息便是闲适。

知足常足，终身不辱；知止常止，终身不耻。

【译文】 知足就能常常满足，终生不受到侮辱；懂得进退就往往能适可而止，一生不会蒙受羞耻。

急行缓行，前程总有许多路；逆取顺取，命中只有这般财。

【译文】　快走慢走，前方总有很多道路可走；艰难地获取或者顺利地得到，命中注定一共只会拥有这么多的钱财。

理欲交争，肺腑成为吴越[①]；物我一体，参商终是弟兄[②]。

【注释】　①吴越：春秋末期的吴国与越国，两国互为敌国，后泛指对立的双方。

②参商：参星与商星，二者在夜空中此出彼没，彼出此没，古人以此比喻彼此对立，不和睦、不能相见、有差别。

【译文】　理性与欲望相争，肺脏心腹都成为敌对的双方；外物与自我融为一体，天上的参星与商星都终究是对方的兄弟。

以积货财之心积学问，以求功名之心求道德，以爱妻子之心爱父母，以保爵位之心保国家。

【译文】　用积累财货的心积累学问，用求取功名的心追求道德，用爱护妻儿的心关爱父母，用守住官职的心保卫国家。

移作无益之费以作有益，则事举。移乐宴乐之时以乐讲习，则智长。移信异端之意以信圣贤，则道明。移好财色之心以好仁义，则德立。移计利害之私以计是非，则义精。移养小人之禄以养君子，则国治。移御私敌之勇以御公侮，则兵足。移保身家之念以保百姓，则民安。

【译文】　将花在没有好处的事情上的钱财用于做有益的事，那么事业就会成功。将享受宴饮音乐的时间用在享受探讨学问上，那么智慧就能增长。将对异端思想的迷信用在信仰圣贤之道上，那么道理就能弄明白。将对钱财美色的喜爱之心用在爱好仁义上，那么好的品德就能树立。将计较利害得失的私心用于判断是非上，那么就能精通道义。将供养奸佞小人的俸禄用于奉养君子上，那么国家就能安定。将抵抗个人仇敌的勇力用于为国家抵御侮辱上，那么兵力就会充足。将保护自己和家族的心思用来保护人民，那么人民就会安乐。

做大官底，是一样家数[①]；做好人底，是一样家数。

【注释】　①家数：相传承的方法。

【译文】　做高官的人，有一样的办法做官；做好人的人，有相同的方式行善。

潜居尽可以为善，何必显宦[①]？躬行孝弟，志在圣贤，纂辑先哲格言，刊刻广布，行见化行一时，泽流后世，事业之不朽，蔑以加焉[②]？

贫贱尽可以积德，何必富贵？存平等心，行方便事，效法前人懿行，训俗型方，自然谊敦宗族，德被乡邻，利济之无穷，孰大于是？

【注释】　①显宦：做官地位显赫。

②蔑：无，没有。

【译文】 隐居也完全可以做善事，为什么一定要官位显赫？通过自己的行动孝敬父母、关爱兄弟，立志成为圣贤一样的人，编纂辑录以前贤人的言论，刊刻成书广泛传播，施行后可以教化一时，惠及后代，这是不朽的功业，没有什么能够超越。

身处贫贱也完全可以积德，为什么一定要等到富贵之时？保持平等待人的心，做与人方便的事，学习先贤的好的行为，教诲世人使其品行端方，自然促进了宗族和睦，福泽遍及乡邻，救济帮助了无数人，还有什么比这更高大的呢？

一时劝人以口，百世劝人以书。

【译文】 用语言劝勉他人只有一时的功效，用书籍劝勉他人可以惠及百世。

静以修身，俭以养福，入则笃行，出则友贤。

【译文】 用平静修养身心，用节俭滋养福气，在家中就踏实肯干，外出交游就结交贤士。

读书者不贱，力田者不饥，积德者不倾，择交者不败。

【译文】 用功读书的人不会卑贱，努力耕田的人不会受饿，积德行善的人不会倾覆，谨慎选择朋友的人不会失败。

明镜止水以澄心，泰山乔岳以立身，青天白日以应事，霁月光风以待人。

【译文】　要澄澈心灵、修养心性，使其像静止如明镜、可照鉴事物的水面；要树立人格，使其像高耸的泰山一样崇高；处理事情要像青天白日一样光明磊落；待人接物要像雨过天晴的明净景象一样洒落开阔。

省费医贫[1]，弹琴医躁，独卧医淫，随缘医愁，读书医俗。

【注释】　①省费：节省花销、开支。

【译文】　节省花销可以避免贫穷，弹琴可以消除烦躁，独眠可以医治淫欲，顺其自然可以医治忧愁，读书可以医治庸俗。

以鲜花视美色，则孽障自消；以流水听弦歌，则性灵何害？

【译文】　用欣赏鲜花的态度对待美色，妨碍品行的罪恶就会自然消解；用倾听流水之声的态度对待有琴瑟伴奏的歌唱，怎么会妨害人的心性呢？

养德宜操琴，炼智宜弹棋，遣情宜赋诗，辅气宜酌酒，解事宜读史，得意宜临书，静坐宜焚香，睡醒宜嚼茗，体物宜展画，适境宜按歌，阅候宜灌花，保形宜课药，隐心宜调鹤，孤况宜闻蛩，涉趣宜观鱼，忘机宜饲雀，幽寻宜借草，淡味宜掬泉，独立宜望山，闲吟宜倚楼，清谈宜剪烛，狂啸宜登台，逸兴宜投壶，结想宜欹枕，息缘宜闭户，探景宜携囊，爽致宜临风，愁怀宜伫月，倦游宜听雨，玄悟宜对雪，辟寒宜映日，空累宜看云，谈道宜访友，福后宜积德。

【译文】　修养品德应该弹琴，锻炼心智应该下棋，派遣情绪应该赋诗，维系气氛应该饮酒，了解事理应该看史书，得意时应该临摹前人书法，静坐时应该焚香，睡醒后应该喝茶，体察物情应该看画，舒适的环境应该轻声歌唱，观察气候应该浇花，保养身体应该学习药理，有隐逸的志向应该养鹤，孤独时应该静听虫鸣，游玩得趣时应该观赏游鱼，淡忘心计应该饲养鸟雀，寻访幽静之处最好借助草木，品尝清淡之味应该掬饮泉水，一人独立应该眺望远山，悠闲吟诗应该登高倚楼，清谈应该点蜡烛，狂啸应该登临高台，有闲情逸致应该玩投壶游戏，认真思考应该倚枕而卧，不想交际应该闭门不出，探访美景应该携带行李，想要清爽应该迎风而立，心有愁绪应该站在月光下，厌倦游乐应该聆听雨声，心有所悟应该对雪，祛除寒气应该晒太阳，身心疲惫应该看云，谈论道义应该拜访友人，造福后代应该积德。

本类简评

本篇名为“惠吉”，与下篇《悖凶》相对。惠吉，顾名思义，就是宣扬修身行善的积极意义。“积善之家，必有余庆；积不善之家，必有余殃。”本篇所述，正是积善得福、知足常乐之理。本章围绕“行善”与“知足”二事，教导人们行善则天降福报，善行比钱财更为可贵。行善不仅能够广结福缘，亦能惠及子孙。一个人保持良好的心态，就能够获得福报。什么是良好的心态呢？就是知足。人的欲望无穷无尽，若不知餍足，即使富贵逼人，同样无法获得快乐。汲汲以求，心灵与行为则会被欲望所控制，一旦被欲望控制，就很容易做出违背天理之事，自然无法为天所佑，无法获得福报。做到了知足常乐，即使无权无势，即使处于贫贱，也同样能够甘之如饴。超脱了无谓的欲望，看似平常的小事也是上天的恩赐：平安是福，健康是福，读书是福，闲适是福。今天，我们当然不应当再以福报为目的去修德养身。但是，修德本身就可以让人快乐，多做好事，知足常乐，“福田”自种，快乐在己！

悖凶类

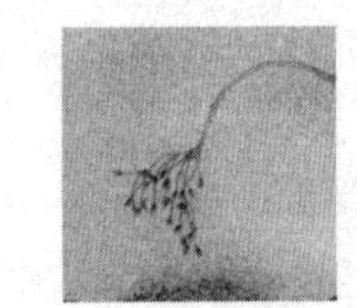

富贵家不肯从宽，必遭横祸；聪明人不肯学厚，必夭天年[1]。

【注释】 ①夭：夭亡。

【译文】 富贵人家不愿意凡事宽和，一定会遭遇意外的灾祸；聪明的人不愿意学着厚道，一定会在命定的年岁之前夭亡。

倚势欺人，势尽而为人欺；恃财侮人，财散而受人侮。

【译文】 倚仗权势欺负别人，权势消失后就会被人欺负；仗着拥有钱财侮辱别人，钱财散尽后就会受人侮辱。

暗里算人者，算的是自家儿孙；空中造谤者[1]，造的是本身罪孽[2]。

【注释】 ①空中：没有证据，凭空。

②本身：自己的，自身的。

【译文】 暗地里算计别人的人，算计的是自己的子孙；没有证据造谣诽谤的人，造的是自己的罪孽。

饱肥甘[1]，衣轻暖，不知节者损福；广积聚，骄富贵，不知止者杀身。

【注释】 ①肥甘：指肥美的、滋味醇厚的食物。《孟子·梁惠王上》："为肥甘不足于口与？"

【译文】 吃足肥美、甘甜的食物，穿着轻软暖和的衣服，这样不知道节俭的人会损害福气；广泛积攒钱财，骄傲于富贵，这样不知道收敛的人会招致杀身之祸。

文艺自多[①]，浮薄之心也；富贵自雄，卑陋之见也[②]。

【注释】 ①自多：自夸，自满于，自恃。《韩非子·说难》："彼自多其力，则毋以其难概之也。"

②卑陋：浅薄，平庸，格调不高。

【译文】 自满于文才，是轻浮浅薄的心性；自恃于富贵，是庸俗鄙陋的见地。

位尊身危，财多命殆。

【译文】 处于尊贵的地位，本人面临危险，拥有大量的财富，生命受到威胁。

机者[①]，祸福所由伏，人生于机，即死于机也；巧者，鬼神所最忌，人有大巧，必有大拙也。

【注释】 ①机：机智灵活，过分机智就是诡诈。

【译文】 机智，是福与祸所依伏的，人因机智而得生，也因过分机智而获死；灵巧，是鬼神最为忌惮的，人有十分灵敏之处，一定也有十分笨拙的地方。

出薄言，做薄事，存薄心，种种皆薄，未免灾及其身；设阴谋，积阴私[①]，伤阴骘，事事皆阴，自然殃流后代。

【注释】 ①阴私：隐秘不可告人的事，一般指阴谋与坏事。《汉书·江充传》："太子疑齐以己阴私告王。"

【译文】 说刻薄的话，做刻薄的事，有刻薄的心，每时每刻都刻薄，免不了危害到自身；实施阴谋，做不可告人的坏事，损害阴德，做每件事都不光明正大，自然祸及后代。

积德于人所不知，是谓阴德，阴德之报，较阳德倍多；造恶于人所不知，是谓阴恶，阴恶之报，较阳恶加惨[①]。

【注释】 ①加：更加，加倍。

【译文】 在无人知晓的情况下积德行善，称为阴德，阴德的回报比阳德要多出一倍；在无人知晓的时候做坏事，称为阴恶，阴恶的报应比阳恶更加惨重。

家运有盛衰，久暂虽殊，消长循环如昼夜；人谋分巧拙，智愚各别，鬼神彰瘅最严明[1]。

【注释】 ①彰瘅（dàn）：褒扬与惩罚。《尚书·毕命》：“彰善瘅恶，树之风声。”

【译文】 家族的运道有盛有衰，长短虽然不同，但消逝增长、循环往复如同昼夜变换；人的计谋有巧有拙，智慧或愚笨有区别，但鬼神的褒扬与惩罚最为严明。

天堂无则已，有则君子登；地狱无则已，有则小人入。

【译文】 没有天堂便罢了，有的话君子必然得以登入；没有地狱便罢了，有的话小人一定会进入。

为恶畏人知，恶中冀有转念[1]；为善欲人知，善处即是恶根。

【注释】 ①转念：转机，回旋的余地。

【译文】 做坏事害怕别人知道，他的恶中尚有回转的希望；做好事想要被人知道，好的地方便潜伏着恶的根源。

谓鬼神之无知，不应祈福；谓鬼神之有知，不当为非。

【译文】 如果说鬼神不知道人间的事，就不应该向他们祈求福祉；如果说鬼神知道人间的事，就不应该有不对的行为。

势可为恶而不为，即是善；力可行善而不行，即是恶。

【译文】　有机会做坏事却不做，便是善；有能力做善事却不做，就是恶。

于福作罪，其罪非轻；于苦作福[1]，其福最大。

【注释】　①作福：做善事，行善。《春秋繁露·保位权》：“所好多则作福，所恶多则作威。”

【译文】　生活幸福却做坏事，罪责不轻；出于困苦却做善事，获得的福气最大。

行善如春园之草，不见其长，日有所增；行恶如磨刀之石，不见其消，日有所损。

【译文】　做好事就像春天园中的草，看不出它的生长，却每天都有增长；做坏事如同磨刀的石头，看不出它的消损，却每天都有损伤。

使为善而父母怒之，兄弟凶之，子孙羞之，宗族乡党贱恶之[1]，如此而不为善，可也；为善则父母爱之，兄弟悦之，子孙荣之，宗族乡党敬信之，何苦而不为善？

使为恶而父母爱之，兄弟悦之，子孙荣之，宗族乡党敬信之，如此而为恶，可也；为恶则父母怒之，兄弟怨之，子孙羞之，宗族乡党贱恶之，何苦而必为恶？

为善之人，非独其宗族亲戚爱之，朋友乡党敬之，虽鬼神亦阴相之[2]；为恶之人，非独其宗族亲戚叛之，朋友乡党怨之，虽鬼神亦阴殛之[3]。

【注释】 ①乡党：同乡，乡亲。

②相：辅佐，庇护。

③殛（jí）：杀死，惩罚。

【译文】 假使做善事使父母生气、兄弟不悦、子孙羞耻，宗族和乡亲都轻视厌恶，这样的话不做善事是可以的；做善事便父母爱护、兄弟高兴、子孙自豪，宗族和乡亲都尊敬信任，何苦不做善事呢？

假使做坏事而父母爱护、兄弟高兴、子孙自豪，宗族和乡亲都尊敬信任，这样的话做坏事是可以的；做坏事使父母生气、兄弟不悦、子孙羞耻，宗族和乡亲都轻视厌恶，何苦一定要做坏事呢？

做善事的人，不只他的宗族亲戚爱护他，朋友乡亲敬重他，即使是鬼神也暗自辅助他；做坏事的人，不只他的宗族亲戚背叛他，朋友乡亲怨恨他，即使是鬼神也暗自惩罚他。

为一善而此心快惬[1]，不必自言，而乡党称誉之，君子敬礼之[2]，鬼神福祚之，身后传诵之；为一恶而此心愧怍，虽欲掩护，而乡党传笑之，王法刑辱之[3]，鬼神灾祸之，身后指说之。

【注释】 ①快惬：指心情舒适愉快。

②敬礼：尊敬并以礼相待。《吕氏春秋·怀宠》："求其孤寡而振恤

之，见其长老而敬礼之。”

③刑辱：用刑罚侮辱，指遭受刑罚。《汉书·五行志》：“时楚王戊暴逆无道，刑辱申公。”

【译文】 做一件好事而心中舒适愉快，不用自己言说，乡亲便称赞他，君子尊敬礼遇他，鬼神赐福给他，死后被传扬称颂；做一件坏事而心中愧疚惭愧，虽然想要遮掩，却被乡亲传播、耻笑，国家法律用刑罚侮辱他，鬼神降灾祸给他，死后仍被指责议论。

一命之士[①]，苟存心于爱物，于人必有所济；无用之人，苟存心于利己，于人必有所害。

【注释】 ①一命之士：指身处低微职务的为官者，出自周代官阶制度。周代官职分为九个等级，伯为上公九命，周天子的三公八命，侯伯七命，周天子的卿六命，子男五命，周天子的大夫及公的孤四命，公、侯、伯的卿三命，公、侯、伯的大夫及子男的卿再命（即二命），公、侯、伯的士及子男的大夫一命。《周礼·地官·党正》：“一命齿于乡里。”贾公彦疏：“一命，谓下士。”

【译文】 身处低微职务的为官者，如果心存爱护万物的善意，对他人一定有所恩惠；没有用处的人，如果心存自私利己的念头，对他人一定有危害。

膏粱积于家[①]，而剥削人之糠核[②]，终必自亡其膏粱；文绣充于室，而攘取人之敝裘[③]，终必自丧其文绣。

【注释】 ①膏粱：肥美而精致的食物。《国语·晋语七》：“夫膏粱之性难正也。”韦昭注：“膏，肉之肥者；粱，食之精者。”

②糠核：指粗陋廉价的食物。

③攘取：窃取，夺取。

【译文】 家中积满精美的食物，却剥削他人的粗劣食物，最终一定会失去他的美食；室内充满锦绣衣物，却抢夺他人的破旧衣服，最终一定会失去他的锦绣衣物。

天下无穷大好事，皆由于轻利之一念，利一轻，则事事悉属天理，为圣为贤，从此进基；天下无穷不肖事，皆由于重利之一念，利一重，则念念皆违人心，为盗为跖，从此直入。

【译文】 天下无数的大好事，都是由轻视利益的一个念头产生，一旦轻视利益，便对待每件事都依据天理，成为圣贤便由此开始；天下无数的不贤之事，都是由看重利益的一个念头开始，一旦看重利益，就考虑各种问题都违背常理人心，成为盗贼恶棍从此一直进行。

清欲人知，人情之常，今吾见有贪欲人知者矣！朵其颐，垂其涎，惟恐人误视为灵龟而不饱其欲也。

善不自伐[①]，盛德之事，今吾见有自伐其恶者矣！张其牙，露其爪，惟恐人不识为猛虎而不畏其威也。

【注释】 ①伐：夸耀。

【译文】 清廉想要人知道，是人之常情，现今我却见到一种人，贪婪也想要他人知道！鼓腮嚼食，垂涎三尺，唯恐别人误认为他是灵龟、不能满足他的贪欲。

为善却不自我夸耀，是德行高尚的事，现今我却见到一种自夸自己的邪恶的人！张大嘴露出牙齿，伸出他的尖爪，唯恐别人不知道他是猛虎、不畏惧他的威势。

以奢为有福，以杀为有禄[①]，以淫为有缘，以诈为有谋，以贪为有为，以吝为有守，以争为有气，以嗔为有威[②]，以赌为有技，以讼为有才，可不哀哉！

【注释】 ①有禄：指有地位、官职的人。

②嗔：发怒。

【译文】 将奢侈当做有福气，将杀戮当做有地位，将淫秽行为当做有缘分，将欺诈当做有谋略，将贪婪当做有作为，将吝啬当做守财有方，将互不相让当做有气势，将发怒当做有威势，将赌博看做有技艺，将诉讼辩论当做有才能，怎么不让人觉得可悲呢？

谋馆如鼠[①]，得馆如虎，鄙主人而薄弟子者，塾师之无耻也。卖药如仙，用药如颠，贼人命而诿天数者，医师之无耻也。觅地如瞽[②]，谈地如舞，矜异传而谤同道者，地师之无耻也[③]。

【注释】 ①馆：古代教书的场所，多指私塾，这里借指教职。

②瞽（gǔ）：盲人。

③地师：指风水师，风水方术之士。

【译文】 谋取教职时如老鼠，得到教席后如老虎，鄙视主人又薄待学生，这是私塾教师的无耻之行。买药的时候吹嘘如神仙，用药时轻狂如同癫疯，贼害人命而推诿给天命，这是医师的无耻之处。寻找风水好的地方如盲人，谈论风水时手舞足蹈，对奇异传闻夸夸其谈又诽谤同行，这是风水师的无耻作为。

不可信之师，勿以私情荐之，使人托以子弟；不可信之医，勿以私情荐之，使人托以生命；不可信之堪舆[①]，勿以私情荐之，使人托以先骸[②]；不可信之女子，勿以私情媒之，使人托以宗嗣。

【注释】　①堪舆：风水，这里代指风水术士，风水师。

②先骸：先人的遗体骨骸。

【译文】　对不可信的私塾老师，不要因为个人情感去推荐，让别人把子弟托付给他；对不可信的医生，不要因为个人情感去推荐，让别人把性命交付给他；对不可信的风水师，不要因为个人情感去推荐，让别人把先人的骸骨交付给他；不可信的女子，不要因为个人情感去做媒，让别人将传宗接代的事托付给她。

肆傲者纳侮[①]，讳过者长恶，贪利者害已，纵欲者戕生。

【注释】　①纳侮：招致轻侮、羞辱。《尚书·说命中》："无启宠纳侮，无耻过作非。"

【译文】　肆意傲慢的人会招致羞辱，忌讳犯错的人会增长恶习，贪图利益的人会伤害自己，放纵欲望的人会伤害生命。

鱼吞饵，蛾扑火，未得而先丧其身；猩醉醴[①]，蚊饱血，已得而随亡其躯；鹚食鱼[②]，蜂酿蜜，虽得而不享其利。欲不除，似蛾扑灯，焚身乃止；贪不了，如猩嗜酒，鞭血方休。

【注释】 ①醴：美酒。

②鹚：为渔夫捕鱼的水鸟。

【译文】 游鱼吃鱼饵，飞蛾扑向火，没有得到想要的却先葬送了生命；猩猩醉于美酒，蚊子吸饱人血，得到所求却随即失去生命；水鸟吃鱼，蜜蜂酿蜜，虽然得到了却无法享受其好处。欲望不消除，就像飞蛾扑火，焚烧了自己才停止；贪心不停止，就像猩猩贪酒，被鞭打得出血才停止。

明星朗月，何处不可翱翔？而飞蛾独趋灯焰。嘉卉清泉[①]，何物不可饮啄？而蝇蚊争嗜腥膻。

【注释】 ①嘉卉：美好的花草树木。《诗·小雅·四月》："山有嘉卉，侯栗侯梅。"

【译文】 星星闪亮，明月清辉，哪里不能飞翔？可飞蛾偏要向灯火飞去。花草清香，泉水清澈，什么东西不能吃喝？可苍蝇蚊子偏要争食腥膻之物。

飞蛾死于明火，故有奇智者，必有奇殃；游鱼死于芳纶[①]，故有善嗜者，必有美毒。

【注释】 ①芳纶：有诱惑力的鱼饵与钓鱼线。

【译文】 飞蛾死于明亮的灯火，因此有突出才智的人，一定有意外的灾祸；游鱼死于有诱惑力的鱼饵与钓线，因此有乐于品尝食物的人，一定会遭到美味的毒害。

慨夏畦之劳劳[①]，秋毫无补；笑冬烘之贸贸[②]，春梦方回。

【注释】 ①夏畦：夏日劳作之人。《孟子·滕文公下》："胁肩谄笑，病于夏畦。"朱熹注："夏畦，夏月治畦之人也。"

②冬烘：拘泥食古，思想迂腐浅陋的读书人。《因话录》："主司头脑太冬烘，错认颜标作鲁公。"贸贸：昏庸糊涂。

【译文】 感慨夏日劳作者的辛劳，最终对生活没有一点增补；可笑那些迂腐的读书人昏庸糊涂，最终只是美梦一场、回到现实。

吉人无论处世平和，即梦寐神魂，无非生意[①]；凶人不但做事乖戾，即声音笑貌，浑是杀机。

【注释】 ①生意：生机。

【译文】 好的人不但为人处世平和，即使在睡梦中，都充满生机；凶恶的人不但行事乖张暴戾，即使是声音、笑颜，都全是杀机。

仁人心地宽舒，事事有宽舒气象，故福集而庆长；鄙夫胸怀苛刻，事事以苛刻为能，故禄薄而泽短。

【译文】 仁爱的人心胸宽广，做每件事都有宽和舒缓的气度，因此福气聚集、吉庆长久；鄙陋的人心胸狭窄，做每件事都把苛刻当做有能力，因此福气浅薄、恩泽短暂。

充一个公己公人心，便是吴越一家；任一个自私自利心，便是父子仇雠。

【译文】 保有一颗对人对己都公正的心，即使是吴国、越国一般的敌人也会亲如一家；放任一种自私自利的心态，即便是父子也会成为仇人。

理以心为用，心死于欲则理灭，如根株斩而本亦坏也；心以理为本，理被欲害则心亡，如水泉竭而河亦干也。

【译文】 天理以心为基础，心死于欲望，天理便灭绝，就像树木枝叶断折、根部腐坏一样；人心以天理为根本，天理被欲念侵害，心便死亡，就像泉水枯竭、河流也会干涸一样。

鱼与水相合，不可离也，离水则鱼槁矣；形与气相合，不可离也，离气则形坏矣；心与理相合，不可离也，离理则心死矣。

【译文】 鱼与水相结合，不可分离，离开了水，鱼就会干枯而死；身体与元气相结合，不可分离，失去元气，身体就会损坏；人心与天理相结合，不可分离，离开了理，人心就死亡了。

天理是清虚之物①，清虚则灵，灵则活；人欲是渣滓之物，渣滓则蠢，蠢则死。

【注释】 ①清虚：清净虚无。《汉书·艺文志》："然后知秉要执本，清虚以自守，卑弱以自持，此君人南面之术也。”

【译文】 天理是清净虚无的存在，清净虚无便灵活，灵活就会长存；人的欲望是渣滓污秽，污秽之物就蠢笨，蠢笨就会死亡。

毋以嗜欲杀身，毋以货财杀子孙，毋以政事杀百姓，毋以学术杀天下后世。

【译文】 不要因为爱放纵欲望而伤害身体，不要因为财物而伤害子孙，不要因为政务而伤害百姓，不要假借学术之名遗害后世。

毋执去来之势而救权[①]，毋固得丧之位而为宠，毋恃聚散之财而为利，毋认离合之形而为我。

【注释】 ①去来：有来有去。下文“得丧”“聚散”“离合”皆类此。

【译文】 不要执着于有去有来的权势而争权，不要固执于有得有失的地位而争宠，不要一味依恃有聚有散的钱财而谋利，不要执迷于有离有合的身体而错认了自我。

贪了世味的滋益[①]，必招性分的损；讨了人事的便宜，必吃天道的亏。

【注释】 ①世味：指功名宦情，俗世中的名利。

【译文】 贪享世俗名利的滋味好处，一定会招致心性的损害；占了人事上的便宜，一定会受到天道的处罚。

精工言语，于行事毫不相干；照管皮毛，与性灵有何关涉？

【译文】 精心打磨语言，与踏实做事没有一点关系；照料管理表面小事，与修养性情有什么关系？

荆棘满野，而望收嘉禾者愚；私念满胸，而欲求福应者悖。

【译文】 田地长满荆棘，却盼望收获好谷物的人是愚蠢的；心中充满私心，却想要得到福报的人是荒谬的。

庄敬非但日强也[①]，凝心静气，觉分阴寸晷，倍自舒长；安肆非但日偷也，意纵神驰，虽累月经年，亦形迅驶。

【注释】 ①庄敬：庄严而恭敬。《礼记·乐记》："致礼以治躬则庄敬，庄敬则严威。"

【译文】 庄严而恭敬地生活，不但日益强健，心平气和，还觉得每时每刻都自然舒长；安逸放纵不但每日欢愉，而且胡思乱想、心不在焉，即使度过了许多年月，也像是飞快度过的。

自家过恶自家省，待祸败时，省已迟矣；自家病痛自家医，待死亡时，医已晚矣。

【译文】　自己的过错自己及时反省，等到祸事败露的时候再反省已经迟了；自己的病痛要自己及时医治，等到死亡的时候再医治就晚了。

多事为读书第一病，多欲为养生第一病，多言为涉世第一病，多智为立心第一病，多费为作家第一病[①]。

【注释】　①作家：操持家事，主理中馈。

【译文】　杂事太多是读书的第一大妨碍，欲望过多是养生的第一大妨碍，说话太多是处世的第一大妨碍，智谋过多是树立志向的第一大妨碍，花费太多是操持家事的第一大妨碍。

今之用人，只怕无去处，不知其病根在来处；今之理财，只怕无来处，不知其病根在去处。

【译文】　现今任用人才，只担心没有职务安排，不知道问题的根源在于选拔时太过宽松；现今管理财政，只担心没有足够的收入，不知道问题的根源在于如何使用这些收入。

贫不足羞，可羞是贫而无志；贱不足恶，可恶是贱而无能；老不足叹，可叹是老而无成；死不足悲，可悲是死而无补。

【译文】　贫困不值得羞耻，值得羞耻的是贫苦而且没有志向；卑贱不值得厌恶，值得厌恶的是卑贱而且没有能力；年老不值得叹息，值得叹息的是年老却没有成就；死亡不值得悲痛，值得悲痛的是死了却没有价值。

事到全美处，怨我者难开指摘之端；行到至污处，爱我者莫施掩护之法。

【译文】　把事情处理到十全十美的程度，怨恨我的人也难以找到指责我的理由；行事到了污秽不堪的程度，爱护我的人也无法找出为我遮掩的办法。

衣垢不湔[1]，器缺不补，对人犹有惭色；行垢不湔，德缺不补，对天岂无愧心。

【注释】　①湔（jiān）：洗。

【译文】　衣服上的污垢没有清洗，器物残缺了没有修补，面对他人尚且有惭愧的神色；品行有了污垢没有清理，品德有了缺陷不去补救，面对上天难道没有羞愧之心吗？

供人欣赏，侪风月于烟花[1]，是曰亵天；逞我机锋，借诗书以戏谑，是名侮圣。

【注释】　①侪：伴，凭借。

【译文】　凭借写烟花之地的风月之事供人欣赏，这是亵渎上天；凭借创作诗文戏谑调笑来显示我的机智犀利，这是侮辱圣贤。

罪莫大于亵天，恶莫大于无耻，过莫大于多言。

【译文】 没有比亵渎上天更大的罪过，没有比不知廉耻更大的罪恶，没有比多嘴多舌更大的过错。

言语之恶，莫大于造诬；行事之恶，莫大于苛刻；心术之恶，莫大于深险。

【译文】 在言语中，没有比造谣污蔑更大的罪恶；在行事上，没有比过于严厉、刻薄更大的罪恶；在心计上，没有比深沉阴险更大的罪恶。

谈人之善，泽于膏沐①；暴人之恶②，痛于戈矛。

【注释】 ①膏沐：古代妇女润发的油脂，借喻德政或恩泽。《楚辞·王逸》："思灵泽兮膏沐，怀兰英兮把琼若。"

②暴：显露，暴露。

【译文】 谈论别人的好处，使人感到比妇女润发的油脂还要润泽；揭露他人的过错，使人感到比被铁戈、长矛刺伤还要痛苦。

当厄之施①，甘为时雨；伤心之语，毒于阴冰。

【注释】 ①当厄：处在厄运、困难之中。

【译文】 他人处于危难时的帮助，比及时雨还要甘甜；伤害他人心灵的语言，比阴气凝结的寒冰还要恶毒。

阴恶积雨之险奇，可以想为文境，不可设为心境；华林映日之绮丽，可以假为文情，不可依为世情。

【译文】 阴雨连绵的险奇气象，可以设想为文章的意境，不能设置为自己的心境；阳光照耀葱郁树林的绮丽美景，可以假设为文章的情调，不能依据它当做世情。

巢父洗耳以鸣高[①]，予以为耳其窦也，其言已入于心矣，当剖心而浣之；陈仲出哇以示洁[②]，予以为哇其滓也，其味已入于肠矣，当刲肠而涤之。

【注释】 ①巢父洗耳：当为许由洗耳，传说尧欲禅位于许由，许由以为是耻辱，至颍水洗耳。而巢父更进一步，甚至认为许由洗过耳的水都脏了，不让自己的小牛去饮水。

②陈仲出哇：传说陈仲是齐国人，因为误食了别人送给他哥哥的鹅，就将鹅肉吐出。常用来比喻人的高洁。

【译文】 巢父（许由）用洗耳的行为显示自己的清高，我认为耳朵是一个小洞而已，言语已经进入心里了，应该剖开心脏洗净才行；陈仲将鹅肉吐出以显示自己的高洁，我认为他吐出的只是残渣而已，滋味已经进入了肠道，应该刮肠洗涤才行。

诋缁黄之背本宗[①]，或衿带坏圣贤名教[②]；詈青紫之忘故友[③]，乃衡茅伤骨肉天伦[④]。

【注释】 ①缁黄：僧人与道士。僧人衣缁服，道士冠黄冠，故有此谓。

②衿带：文人，读书人。

③青紫：青紫为古时公卿绶带之色，因借指高官显爵。《汉书·眭两夏侯京翼李列传》："胜每讲授，常谓诸生曰：士病不明经术，经术苟明，其取青紫如俯拾地芥（jiè）耳。学经不明，不如归耕。"

④衡茅：简陋的房屋，指隐居。陶潜《辛丑岁七月赴假还江陵夜行涂口》："养真衡茅下，庶以善自名。"

【译文】 诋毁僧人、道士背叛自己的宗教，就像读书人败坏圣贤的道德教化一样；谩骂显贵的高官忘记了旧时的朋友，就像隐居避世伤害亲人间的天然伦理一样。

炎凉之态，富贵甚于贫贱；嫉妒之心，骨肉甚于外人。

【译文】 对世态炎凉的体会，富贵的人比贫贱的人更深刻；嫉妒的心情，血脉相连的人之间更比没有血缘关系的人之间的严重。

兄弟争财，父遗不尽不止；妻妾争宠，夫命不死不休。

【译文】 兄弟间争夺财产，父亲的遗产不尽就不会停止；妻子、妾室争夺宠爱，丈夫不死就不会休止。

受连城而代死，贪者不为，然死利者何须连城？携倾国以告殂[①]，淫者不敢，然死色者何须倾国？

【注释】 ①告殂（cú）：等死。

【译文】 接受价值连城的宝物而代替他人死亡，贪婪的人也不愿意，然而为利益而死的人所求的利益哪里算得上价值连城？由倾国倾城的美女相伴而等死，荒淫之人也不敢，然而死于美色的人所贪图的哪里够得上倾国倾城？

乌获病危[①]，虽童子制梴可挞[②]；王嫱臭腐[③]，惟狐狸钻穴相窥。

【注释】 ①乌获：战国时的大力士，据说能举千钧之重，后泛指力士。《战国策·燕策一》：“今夫乌获举千钧之重，行年八十而求扶持。”

②梴（chān）：木棍。

③王嫱：王昭君，名嫱，字昭君，中国古代四大美女之一。

【译文】 大力士乌获病到危急之时，即使童子拿着木棍也可以打他；美人王嫱死后身体腐臭，只有狐狸会钻进墓穴偷看她。

圣人悲时悯俗，贤人痛世疾俗，众人混世逐俗，小人败常乱俗。

【译文】 圣人对世俗同情悲悯，贤人对世俗痛恨憎恶，众人在俗世中随波逐流，小人则败坏风俗。

读书为身上之用，而人以为纸上之用。做官乃造福之地，而人以为享福之地。

壮年正勤学之日，而人以为养安之日。科第本消退之根，而人以为长进之根。

【译文】 读书是为了修身养性，而人们以为是为了在纸上写文作画。官职是创造福泽的地方，而人们以为是安然享福的地方。

壮年正是努力学习的时候，而人们以为是安逸保养的时候。科举本来是谨慎退让的好时机，而人们以为是进取腾达的好机会。

盛者衰之始，福者祸之基。福莫大于无祸，祸莫大于邀福。

【译文】 兴盛是衰败的开始，福泽是祸患的基础。最大的幸福在于没有祸患，最大的祸患在于苛求福泽。

本类简评

“悖凶”就是悖谬、错误的言行所造成的各种凶险，以此来警示人们修身养性，举手投足之间都要谨慎。本类格言主要阐述作恶必将招致祸患，文中屡次出现“阴德”“阴骘”“鬼神”等词语，用以教化人们多行善，勿作恶。作者看来，行善可泽被后世，作恶会祸殃子孙，这正是古代“承负观”与因果报应说最朴素、最直接的体现。作者在此章对“恶”的批判，主要集中在这几个方面：仗势欺人、纵欲无度、阴谋害人。作者认为，作恶之人不仅为亲族、乡党、同僚、世人所鄙夷，亦将受到冥冥之中鬼神之惩罚；不仅不得善终，亦将遗祸子孙，殃及后代。此章重点强调了“欲”的危害与可怕之处。就本章而言，“欲”是大多数恶的来源，是恶人作恶的最根本原因。因此，破除欲望、克服欲念本身就是一种善行。而破除欲望、克服欲念的途径则为“存天理”，这又体现了宋明理学“天理人欲”的思想。趋利避害为人之天性，行善以积攒阴德，造福子孙，同样是趋利避害的体现。必须指出，这些观念具有明显的时代局限性。不过，这种观念在中国古代无疑还是起到了一定的教化作用，它利用人们心中对鬼神的敬畏，趋利避害的天性，从而引导人们去恶行善。